FLYING HIGH

ISLAND

FLYING HIGH

WHITE STAR VERLAG

FLYING HIGH ISLAND

FOTOGRAFIEN
Klaus D. Francke

TEXT
Giuseppe Brillante

REDAKTIONELLE LEITUNG
Valeria Manferto De Fabianis

REDAKTIONELLE KOORDINATION
Laura Accomazzo

LAYOUT
Paola Piacco

ÜBERSETZUNG
Eva Baumgart-Catania

PRODUCING
Dr. Rainer Schöttle Verlagsservice

Titelbild
Die Schwemmlandebene von Skeiðarársandur ist von zahlreichen Wasserläufen durchzogen, die im Skeiðarárjökull ihren Ursprung haben.

Umschlagrückseite
Der Hafen der Insel Hemaey liegt an einem der fischreichsten Meeresarme Islands.

1
Island bietet überwältigende Landschaften.

2–3
Die Ebene Þingvellir ist für die Geschichte Islands von allergrößter Bedeutung.

4–5
Der Öræfajökull ist ein Ausläufer des Vatnajökull.

Inhalt

6–7
Wasser ist Leben, wie die Vögel nur zu gut wissen, die zu Tausenden den Fluss Héraðsvötn aufsuchen.

8
Hvannadalshnúkur ist mit 2119 Metern die höchste Erhebung Islands.

9
Die Geothermalfelder von Þeistareykjabunga liegen im Norden Islands.

10
Þjórsá ist mit 230 Kilometern der längste Fluss des Landes.

11
Nur arktische Winde sind um den Breiðamerkurjökull zu vernehmen.

12–13
Die naturbelassenen und abgeschiedenen Landschaften stellen sich in farbenprächtigen Tableaus dar.

14–15
Reykjavík ist die nördlichste Hauptstadt der Welt.

FLYING HIGH ISLAND

Der Fotograf

KLAUS D. FRANCKE, GEBOREN 1935 IN HAMBURG. NACH DEM STUDIUM DER ARCHITEKTUR WAR ER NEUN JAHRE ALS ARCHITEKT TÄTIG, UNTERBROCHEN DURCH LÄNGERE REISEN. DANACH MACHTE ER SICH ALS FOTOGRAF SELBSTSTÄNDIG. ER KONZENTRIERTE SICH VOR ALLEM AUF AUFNAHMEN VON LANDSCHAFTEN UND MENSCHEN UND ERSTELLTE FOTOREPORTAGEN FÜR *MERIAN, GEO, STERN* UND VERSCHIEDENE REISEMAGAZINE. SEIT ZWANZIG JAHREN WIDMETE ER SICH SEINEM SPEZIALGEBIET, DEM FOTOGRAFIEREN AUS DER LUFT, SEINE ARBEITEN SIND IN MEHREREN FOTOBÄNDEN VERÖFFENTLICHT, U.A. IST VON IHM BEIM WHITE STAR VERLAG *FLYING HIGH AUSTRALIEN* (2007) ERSCHIENEN. ER LEBT IN HAMBURG UND IST MITBEGRÜNDER DER HAMBURGER AGENTUR BILDERBERG.

18–19
Die auffällige Farbe dieses Flusses an der Südküste Islands ist auf das im Wasser enthaltene oxidierte Eisen zurückzuführen.

20–21
Skeiðarárjökull, eine der Gletscherzungen der riesigen Eiskappe Vatnajökull, liegt auf dem Vulkan Grímsvötn. Als dieser im November 1996 ausbrach, schwollen unter dem Eis Wassermassen an, die sich schließlich mit mehr als 50 000 Kubikmetern pro Sekunde ins Tal ergossen. Der Gletscherlauf nahm damit, wenn auch nur für wenige Stunden, den zweiten Platz der wasserreichsten Flüsse der Welt ein, gleich nach dem Amazonas.

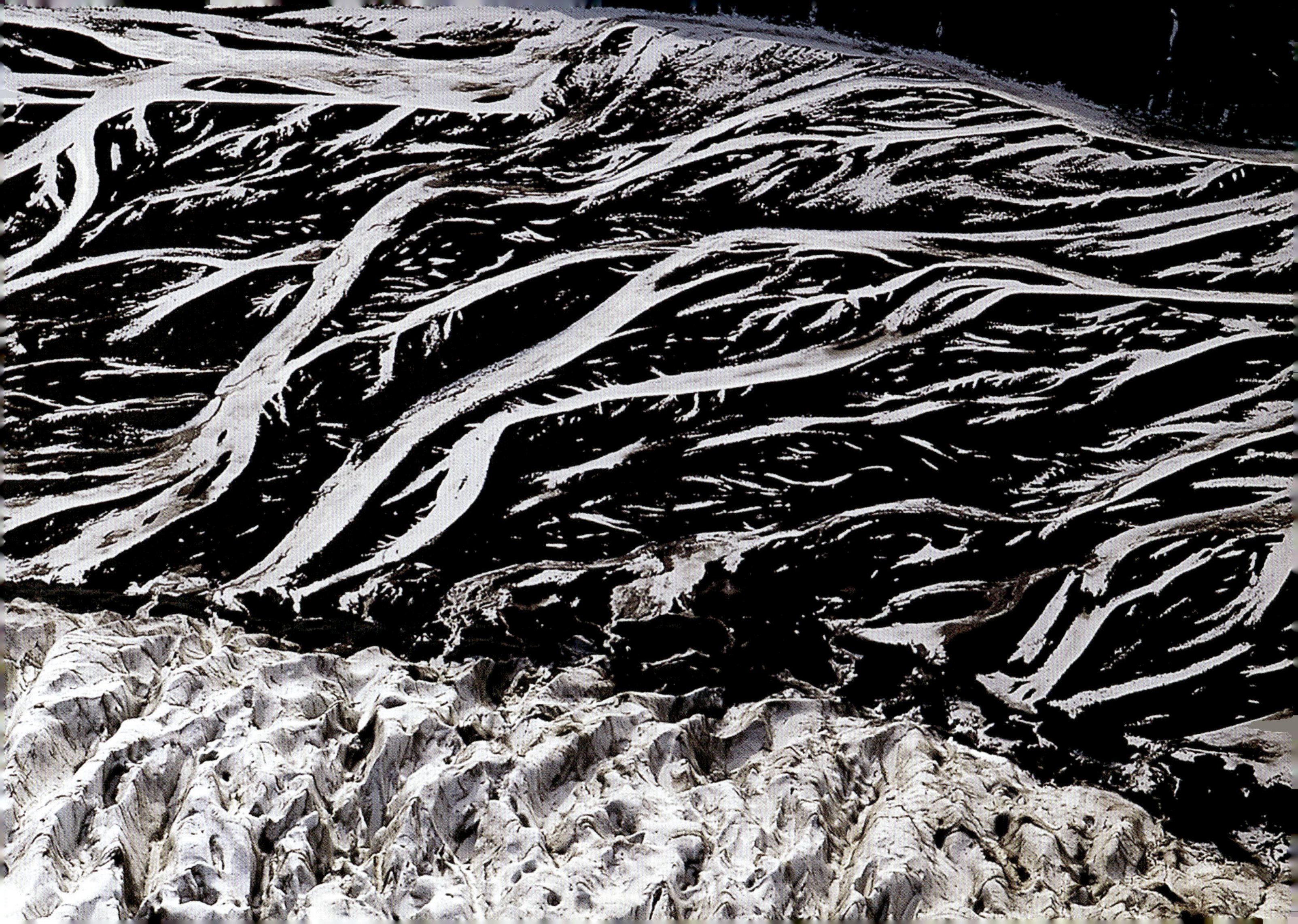

Einführung

IMMER WIEDER ENTFESSELT DER GEYSIR SEINE KRAFT. UNVERSEHENS STEIGT EINE WASSERSÄULE BIS ZU 20 METER IN DIE HÖHE. HIER IST MAN DEM PULS DER ERDE SO NAH WIE NIRGENDWO SONST AUF DER WELT, MAN SPÜRT, WIE SIE ATMET UND BEBT, ZORNIG AUFBRAUST UND IHR INNERSTES EXPLOSIONSARTIG NACH AUSSEN KEHRT. VULKANISCHE KRATER, MÄCHTIGE STRÖME ERSTARRTEN MAGMAS, BRODELNDE SCHLAMMTÖPFE UND HEISSE QUELLEN – ISLAND IST DER LETZTE VERBLIEBENE ORT, WO DAS GEHEIMNIS DER SCHÖPFUNG NOCH ZU SPÜREN IST. WENN MAN DEM SCHMALEN ASPHALTBAND FOLGT, DAS SICH ALS RING ROAD (STRASSE NR. 1) 1000 KILOMETER UM DIE INSEL ZIEHT, IST MAN MIT STÄNDIG WECHSELNDEN BILDERN KONFRONTIERT. AUF TUNDREN FOLGEN SCHROFFE BERGE, GLETSCHER, TROCKENE WÜSTEN ZERMAHLTEN GESTEINS UND AROMATISCH DUFTENDE MOOSTEPPICHE, DIE SICH ÜBER DIE ALTEN

22
Der Wasserfall Aldeyjarfoss bietet mit dem Kontrast zwischen dem weiß schäumenden Wasser und den dunklen Basaltsäulen, über die es hinabstürzt, einen eindrucksvollen Blickfang.

Einführung

VERSTEINERTEN LAVASTRÖME LEGEN. WIESEN LEUCHTEN IN SMARAGDGRÜN, SEEN UND MEERE IN TÜRKISBLAU, DER SCHNEE IN STRAHLENDEM WEISS UND DIE VULKANASCHE IN TIEFSTEM SCHWARZ, DAZU DAS WECHSELNDE FARBSPIEL, DAS DIE HEISSEN QUELLEN UND SOLFATAREN IN SZENE SETZEN.

DIE INSEL SCHEINT IHRE SCHÖNHEIT NICHT OHNE WEITERES PREISGEBEN ZU WOLLEN. ABER KAUM SCHWINGT MAN SICH IN DIE LÜFTE UND GESELLT SICH ZU DEN MILLIONEN GEFLÜGELTER GÄSTE, DIE WÄHREND DER KURZEN UND KALTEN ISLÄNDISCHEN SOMMER AUF DER INSEL STATION MACHEN, ZEIGT SICH VON OBEN DIE INSEL IN IHRER GANZEN SCHÖNHEIT UND URSPRÜNGLICHKEIT.

IN DIESEM FLECKEN DER WELT, DER ZU DEN SCHÖNSTEN DES PLANETEN ZÄHLT, LASSEN SICH NOCH WILDE, URWÜCHSIGE LANDSCHAFTEN ENTDECKEN, IN DIE NIE EIN MENSCH EINEN FUSS GESETZT HAT. SCHLAGARTIG WIRD UNS BEWUSST, DASS WIR NUR EIN SANDKORN IN DER HAND DES SCHICKSALS SIND. SELTEN

25
Die Schlucht Ásbyrgi liegt im Jökulsárgljúfur-Nationalpark.
Sie hat die Form eines Hufeisens.

Einführung

HABEN WIR DIESES GEFÜHL SO KONKRET UND GREIFBAR ERFAHREN. MIT EINEM MALE WIRD UNS KLAR: ISLAND IST EINE METAPHER FÜR DAS LEBEN. DIE BEWOHNER DIESER INSEL SIND DAS SPIEGELBILD DER SIE UMGEBENDEN LANDSCHAFT. VON IHREN WIKINGISCHEN URAHNEN HABEN SIE GELERNT, DER MACHT DER ELEMENTE, DIE AN JEDEM ANDEREN ORT DER WELT DIE MENSCHEN IN ANGST UND SCHRECKEN VERSETZEN WÜRDE, MIT EINER UNBEKÜMMERTHEIT ZU TROTZEN, DIE IHRESGLEICHEN SUCHT.

SIE SPRECHEN EINE SPRACHE, DIE SICH SEIT DER ZEIT ERICHS DES ROTEN NICHT VERÄNDERT HAT. SIE KONSUMIEREN UNMENGEN VON BIER UND LITERATUR. SIE SIND AN DIE EINSAMKEIT GEWÖHNT, ABER VERSCHMÄHEN NICHT DEN KOMFORT, DIE TECHNOLOGIE UND DIE ERRUNGENSCHAFTEN DER MODERNE. SIE VERDIENEN SEHR GUT UND WERDEN ZIEMLICH ALT. LAUT STATISTIK SIND SIE EHRLICHER UND WENIGER GEWALTTÄTIG ALS MENSCHEN ANDERSWO.

26
Im westlichen Teil der Kverkfjöll-Gebirgskette liegt auf einer Höhe zwischen 1600 und 1700 Metern eine der wichtigsten geothermischen Zonen Islands.

FLYING HIGH ISLAND

28
Im Þjórsá-Delta herrscht eine große Artenvielfalt an Seevögeln. Sie finden hier ideale Bedingungen, um zu nisten, Futter zu suchen und sich nach einem langen Flug auszuruhen.

DIE GEBURTENRATE IST EINE DER HÖCHSTEN EUROPAS. NUR WENIGE TRAGEN EINEN NACHNAMEN, ÜBLICHER IST ES, AN DEN VORNAMEN DES VATERS DEN ZUSATZ *DÓTTIR* (TOCHTER) ODER *SON* (SOHN) ANZUHÄNGEN. DIE ISLÄNDER GELTEN ALS FURCHTLOSE MENSCHEN, ABER MEHR ALS DIE HÄLFTE VON IHNEN IST VON DER EXISTENZ DES VERBORGENEN VOLKS HULDUFÓLK ÜBERZEUGT. MAN GLAUBT SICH VON GEISTERN, ELFEN, ABER VOR ALLEM VON TROLLEN UMGEBEN, FURCHTERREGENDEN RIESEN, DIE NACHTS ZWISCHEN DEN BERGEN UND GROTTEN ODER ABER AUF DEN VON ABERTAUSEND VÖGELN BEWOHNTEN KLIPPEN HERUMSTAPFEN. GLAUBT MAN DEN SAGEN, DANN VERBERGEN SICH IN GROSSEN FELSBROCKEN TROLLE, DIE, VOM MORGENGRAUEN ÜBERRASCHT, VON DER SONNE IN STEIN VERWANDELT WURDEN. WIE DER ARKADENFÖRMIGE FELS HVITSERKUR, DER AUF DER WESTLICHEN SEITE DER BUCHT HÚNAFLÓI AUS DEM MEER RAGT: BEI IHM SOLL ES SICH UM EINES DIESER MONSTRÖSEN EXEM-

Einführung

PLARE HANDELN, DAS, GERADE ALS ES SICH ANSCHICKTE, DAS CHRISTLICHE KLOSTER ÞINGEYRAR ZU ZERSTÖREN, VOM LICHT GETROFFEN WURDE.

NIRGENWO IN EUROPA VERBINDEN SICH FANTASIE UND WIRKLICHKEIT SO SELBSTVERSTÄNDLICH WIE HIER. DIE ISLÄNDER LIEBEN IHRE SAGEN UND LEGENDEN MINDESTENS SO SEHR WIE IHRE PFERDE, DIE VOR VIELEN JAHRHUNDERTEN MIT DEN WIKINGISCHEN LANDNEHMERN AUF DIE INSEL KAMEN. ES IST UNMÖGLICH, DIE RASSE EINES PFERDES AUF ISLAND ZU VERWECHSELN, DENN AUF DER GANZEN INSEL IST NUR EINE EINZIGE VORHANDEN. UM DIE WIDERSTANDSKRAFT DER ISLÄNDISCHEN PFERDE NICHT DURCH DIE KREUZUNG MIT ANDEREN RASSEN ZU GEFÄHRDEN, HATTE MAN SCHON 930 N. CHR. EIN GESETZ ERLASSEN, DAS JEGLICHE EINFUHR DIESER TIERE VERBOT.

FÜR DIE ISOLATION UND DAMIT DEN ERHALT DER REINHEIT DER RASSE UND DEN SCHUTZ VOR KRANKHEITEN WAR DURCH DIE INSELLAGE BESTENS GESORGT.

Einführung

OBWOHL SEIT DEM GESETZESERLASS ÜBER EIN JAHRTAUSEND VERGANGEN IST, DARF BIS HEUTE KEIN FREMDES PFERD SEINEN FUSS AUF DIE INSEL SETZEN. UND WENN EINES DER HEIMISCHEN PFERDE DAS LAND VERLÄSST, GIBT ES KEINE HOFFNUNG AUF RÜCKKEHR.

SELBST SATTEL, ZAUMZEUG UND REITKLEIDUNG WERDEN VOR DER EINFUHR SORGFÄLTIG DESINFIZIERT. ALL DIESE MASSNAHMEN HABEN DAZU BEIGETRAGEN, DASS SICH EIN GESPINST AUS MAGIE UND GEHEIMNIS UM DIE PFERDE GEBILDET HAT, IN EINEM LAND, WO DIE NACHT IM WINTER 20 STUNDEN WÄHRT UND TEMPERATUREN VON MINUS 10 GRAD KEINE SELTENHEIT SIND. ISLANDS FLÄCHE ENTSPRICHT NUR KNAPP EINEM DRITTEL DER FLÄCHE DEUTSCHLANDS, ABER DAS LAND KANN GLEICH MIT MEHREREN REKORDEN AUFWARTEN. ES VERFÜGT ÜBER DIE GRÖSSTE EISKAPPE UND DEN MÄCHTIGSTEN WASSERFALL EUROPAS. AUSSERDEM BEFINDET SICH HIER EINER DER SELTENEN ORTE DER

FLYING HIGH ISLAND

32
Das Felsentor von Dyrhólaey schließt sich im Osten an die gleichnamige Hochebene an; es zählt zu den beliebtesten Motiven Islands.

WELT, AN DEM DER MITTELATLANTISCHE RÜCKEN AN DIE OBERFLÄCHE TRITT. DARAUS ERGEBEN SICH ALLERDINGS NEGATIVE BEGLEITERSCHEINUNGEN FÜR DIE GEOLOGISCHE STABILITÄT. MEHR ALS 100 ERUPTIONEN SIND BEKANNT. ALLEIN DER VULKAN HEKLA IST IM 20. JAHRHUNDERT VIERMAL AUSGEBROCHEN. DIE GANZE INSEL SCHEINT NUR AUS RAUCH, FEUER, WASSER UND EIS ZU BESTEHEN. DIE WIKINGER GLAUBTEN, ISLAND WÄRE DAS TOR ZUR HÖLLE. WEIT GEFEHLT, DIESER LETZTE ZIPFEL AM ÄUSSERSTEN RAND EUROPAS IST DAS PARADIES.

34–35
Island ist einer Witterung ausgesetzt, die unermüdlich am Werk ist und seinen Landschaften ein urzeitliches Erscheinungsbild verleiht.

36–37
Mehr als 11 Prozent Islands liegt unter Gletschern. Das entspricht einer Fläche von mehr als 11 000 Quadratkilometern. Die größten Eiskappen sind in der Mitte und im Süden der Insel zu finden, weil dort der Niederschlag am höchsten ist.

38–39
Island hat insgesamt etwa 312 000 Einwohner, von denen die meisten in kleineren Ortschaften wohnen. Gut 4000 Menschen leben in Heimaey, das auf der gleichnamigen, zum Vestmannaeyjar-Archipel (dt. Westmännerinseln) gehörenden Insel liegt.

KÜSTEN UND KLIPPEN

FLYING HIGH

FLYING HIGH ISLAND

41
Von allen Vögeln, die sich auf Island aufhalten, sind die Basstölpel (links) am einfachsten zu beobachten. Flateyri ist ein kleiner Ort (rechts).

Mit der Schlagzeile „Der Krieg um den Kabeljau" ging der Konflikt zwischen Island und Großbritannien 1975 durch die Presse. Die Isländer brachten 6 Schiffe der Küstenwacht und 2 Trawler in Aufstellung. Das Britische Königreich rückte mit 22 Fregatten, 7 Tankschiffen, 9 Schleppern und 3 Hilfsschiffen aus, die die Verteidigung der rund 40 britischen Fischkutter in diesem Gebiet übernehmen sollten. Was war geschehen? Island hatte beschlossen, seine Schutzzone auf 200 Seemeilen auszudehnen, um sich gegen die Konkurrenz anderer Fischereiflotten zu wehren. Es hatte bereits 1958 seine Schutzzone von 4 auf 12 und 1972 noch einmal auf 50 Seemeilen ausgedehnt. Großbritannien hatte sich dem stets widersetzt, ohne jeden Erfolg. Diesmal aber war es entschlossen, keinesfalls nachzugeben. 7 Monate lang war die Situation äußerst angespannt. Es gab keine Toten, aber immerhin einige Verletzte. Glücklicherweise passierte nichts Schlimmeres, denn es fielen nur wenige Schüsse, und die nur zur Warnung. Am Ende trug Island den Sieg davon. Dafür waren allerdings eher geopolitische Gründe ausschlaggebend, denn einer tatsächlichen militärischen Auseinandersetzung wäre das Land keinesfalls gewachsen gewesen. Stattdessen drohte Island damit, den NATO-Stützpunkt in Keflavik zu schließen, wohl wissend, dass der Verlust des wichtigsten Vorpostens in diesem Teil des Atlantiks die Alliierten geschwächt hätte. In den Zeiten des Kalten Kriegs wollte man diesen Schritt nicht riskieren. Also rangen sich die Briten dazu durch, ihre Fischereiflotte aus der 200-Meilen-Zone herauszuhalten, ohne diese Vereinbarung jedoch jemals offiziell anzuerkennen. Dieser Vorfall war wahrhaftig kein Ruhmesblatt für Island und

42
Die Gletscherzunge Breiðamerkurjökull mündet in eine 200 Meter tiefe Lagune, die durch das Schmelzwasser entstanden ist.

Küsten und Klippen

hatte nicht ansatzweise das Zeug zu einer Heldentat, wie man sie aus den Wikingersagen kennt, aber er bezeugt mehr als jede Statistik, wie unverzichtbar die Fischerei für Island ist. Bis zum 19. Jahrhundert lebten die meisten Bewohner von der Landwirtschaft, und die Fischerei verschaffte nur ein Zubrot. Heute sind die Verhältnisse umgekehrt. Auf der Insel, die großenteils aus Eis und Vulkanen besteht, sind nur 20 Prozent des Bodens wirtschaftlich nutzbar. Island verfügt nur über ein schwaches landwirtschaftliches Potenzial. Die Wirtschaft hängt deshalb fast vollständig von der Fischerei ab, die allein die Hälfte der Exporte bestreitet. Dank dem Zusammentreffen des warmen Golfstroms mit den nahrungsreichen arktischen Strömungen ist hier ein wahres Fischparadies entstanden. Mehr als 293 Arten tummeln sich in den Gewässern, von denen etwa 40 wirtschaftlich verwertet werden können. Den Hauptanteil erbringen allerdings nur wenige Arten, nämlich Hering, Steinbutt, Heilbutt und vor allem Kabeljau. Letzterer allein deckt über 50 Prozent der gesamten Ausfuhr ab. Da dieser Fisch nicht wandert, ist sein Bestand vor den Küsten Islands infolge von Überfischung stark zurückgegangen. Es musste also eine drastische Fangbeschränkung verhängt werden. Die Maßnahme scheint allmählich erste Erfolge zu zeigen.

Die reichhaltige Nahrung der isländischen Gewässer zieht auch zahlreiche Wale an. Zwergwale, Finnwale, Buckelwale, Schwertwale, Grindwale, Schweinswale, Delfine und sogar die riesigen Blauwale suchen die Meere rund um die Insel auf. Aber während sie bis vor wenigen Jahren relativ ungestört ihrer Futtersuche nachgehen konnten, hat sich seit 2006 ihre Situation dramatisch verschärft. Damals beschloss Island, den Walfang nach einer Pause von 14 Jahren wieder aufzunehmen, wobei sich der Fang vor allem auf die Zwerg- und Finnwale konzentrieren sollte. Begründet wurde das mit wissenschaftlichem Forschungsinteresse, einem durchaus üblichen Argument, wenn man die von der internationalen Walkommission auferlegten Beschränkungen umgehen will. Nach Aussage der Behörden in Reykjavík sollen Aufschlüsse

Küsten und Klippen

über die Auswirkungen des Fangs auf die Fischreserven gewonnen werden, da die Bestände einiger Fische durch die Wale gefährdet seien. Nicht wenige äußern jedoch den Verdacht, dass diese Begründung nur als Vorwand diene, um einer kommerziellen Nutzung, wie sie bereits in Norwegen und Japan betrieben wird, den Weg zu ebnen. Es ist befremdlich, dass die Isländer nicht erkennen wollen, dass Wale lebend mehr wert sind als tot. Auf Island bieten mindestens zwölf Unternehmen Walbeobachtungstouren an, ihr Geschäftsumsatz liegt bei mehreren Millionen Euro. Regelmäßig laufen von den Häfen Hafnarfjörður, Keflavík, Ólafsvík und Húsavík Boote mit Touristen aus. Diesem durchaus nicht unerheblichen Wirtschaftszweig drohen jetzt massive Einbußen.

Auch Vögel kommen zur Futtersuche gern an die isländischen Küsten. Vom Frühjahr an herrscht auf den Klippen ein regelrechtes Gedränge. Das ständige Kommen und Gehen macht sich in ununterbrochenem Flügelschlagen laut. Die am meisten verbreitete Art ist der Papageitaucher. Fast 13 Millionen Vögel dieser Spezies lassen sich auf der Insel zum Brüten nieder. Die größte Kolonie (mit etwa 8 Millionen Exemplaren) befindet sich auf Heimaey, der einzigen bewohnten Insel der Westmännerinseln. Der Ort verfügt über einen kleinen Hafen, der zur wirtschaftlichen Ausbeute eines der Meere, die über die reichsten Kabeljau- und Schellfischbestände des Nordatlantik verfügen, sehr günstig gelegen ist. Der Papageitaucher wurde früher gern verzehrt. Heute ist der Fang reglementiert, aber der Vogel steht noch immer als traditionelles Gericht auf den Speisekarten der Restaurants. Glücklicherweise geht die Zahl derjenigen zurück, die die putzigen Clowns der Klippen für eine besondere Delikatesse halten. Überdies können sich die Papageitaucher über einen Verbündeten freuen, die Kinder von Heimaey. Jedes Jahr in der zweiten Augusthälfte verdanken Hunderte von Vögeln ihnen ihr Leben. Dann schwärmen die Kinder aus, um die Jungen einzusammeln, die die Orientierung verloren haben, und bringen sie zurück ans Meer. Mit einem anderen Ort auf Island kann

FLYING HIGH ISLAND

46
Diese Bauernhöfe stehen in der Nähe des Fjords Borgarfjörður.
Der 2000 Seelen zählende Ort Borgarnes stellt die größte
Siedlung im Gebiet des Breiðafjörður dar.

Heimaey allerdings nicht mithalten. Látrabjarg gilt als das Vogelparadies Europas schlechthin. Die zu den Westfjorden gehörende Steilküste erstreckt sich über eine Länge von 14 Kilometern, ragt bis zu 400 Meter in die Höhe und kann sich vor Vögeln kaum retten. Millionen von Lummen, Eissturmvögeln, Dreizehenmöwen und Tordalken richten dort ihre Nistplätze ein. Noch vor 50 Jahren seilten sich die Bauern von den Klippen ab, um die Nester zu plündern. 1886 soll die Ausbeute 36 000 und Anfang des 20. Jahrhunderts in einem Jahr sogar 44 000 Eier betragen haben.

Island ist reich an Fjorden, und die Westfjorde sind besonders spektakulär. Am äußersten Ende der Insel schieben sich Patreksfjörður, Tálknafjörður, Arnarfjörður, Dýrafjörður, Önundarfjörður und Ísafjarðardjúp weit ins Meer hinaus. Ursprünglich hatten Gletscher dort, wo sich heute eine enge Bucht an die nächste reiht, Täler geformt, die aber inzwischen vollständig vom Meer überflutet sind. Nur wenige Menschen haben sich in spärlich besiedelten Ortschaften auf den flachen Landstreifen, die die Berge vom Meer trennen, niedergelassen. Der größte Ort Ísafjörður ist die Hauptstadt des Verwaltungsbezirks und zählt 2900 Einwohner. Ihm gegenüber erhebt sich in majestätischer Schönheit die Basalthochebene Hornstrandir, ein Beispiel naturbelassener Landschaft par excellence. Hier bieten Berge, Sandstrände und zerklüftete Klippen, die wie bei Hornbjarg eine Höhe von mehr als 500 Metern erreichen können, atemberaubende Panoramen. Seit die letzte Familie 1959 ihre Koffer gepackt hat, leben auf Hornstrandir keine Menschen mehr. Sie waren Nachfahren der Wikinger, die sich Mitte des 10. Jahrhunderts hier angesiedelt hatten. Einer der damaligen Landnehmer mit Namen Thorvald Asvaldsson war, des Mordes angeklagt, aus Norwegen vertrieben worden. Sein Sohn Erik der Rote machte sich später des gleichen Verbrechens schuldig und war gezwungen, Island für immer zu verlassen. Er kreuzte die Meere, bis er 982 n. Chr. auf eine Insel stieß, die er Grönland, „die grüne Insel", taufte. Aber das ist eine andere Geschichte.

48
Sauðárkrókur liegt im Norden Islands in der Nähe des Tindastóll-Massivs. Bis zur Ring Road sind es mehr als 20 Kilometer, weshalb die Stadt im Winter oft von der Außenwelt abgeschnitten ist.

49
Hóp ist der fünftgrößte See Islands und wegen seines Fischreichtums bei Anglern sehr beliebt. Er liegt am Húnafjörður, dem „Bärenfjord“.

50 und 51

Der Skagafjörður umfasst die Halbinsel Skagi, die Inseln Drangey und Málmey, das Héraðsvötn-Delta sowie die vier Ortschaften: Hofsós, das am Meer liegt und nur 200 Einwohner zählt, Hólar, das als Bischofsitz jahrhundertelang ein wichtiges kulturelles Zentrum darstellte, Varmahlíð, an dem die Ringstraße (Islands Hauptstraße) vorbeiführt, sowie Sauðárkrókur.

52
Die Insel Drangey ist ein Paradies für Seevögel. Mit ihren steilen Klippen ragt sie majestätisch aus dem Skagafjörður empor.

53
Das Vorgebirge Þórdarhöfdi bietet einen fantastischen Blick auf die nahen Fjorde Skagafjörður und Eyjafjörður.

54–55
Auf den Felsklippen der Halbinsel Langanes nisten viele Seevögel. Die Kolonie der Basstölpel macht sich lautstark bemerkbar. Die Vögel kann man leicht an ihrem strahlend weißen Gefieder, das an Kopf und Hals leicht ins Gelbe spielt, und an den schwarzen Flügelspitzen erkennen.

56

Die Häuser verschwinden in der weitläufigen Landschaft Islands zu winzigen Punkten. Jahrhundertelang war das Leben in dieser rauen und unberührten Natur durch den täglichen Kampf ums Überleben bestimmt, der in tiefster Abgeschiedenheit und unter für den Menschen kaum erträglichen klimatischen Bedingungen zu führen war.

58 und 59
Die felsigen Gipfel des Fagradalsfjöll und des Ósfjöll beherrschen majestätisch die Bucht von Héradsflói, die sich im Nordosten der Insel erstreckt.

61

Das kleine Fischerdorf Djúpivogur liegt in den Ostfjorden an der Mündung des Berufjörður. Im 16. Jahrhundert zog das betriebsame Handelsstädtchen viele deutsche und dänische Händler an. Am 6. Juni 1627 wurde es von nordafrikanischen Piraten geplündert, viele seiner Bewohner wurden verschleppt und in die Sklaverei verkauft. Heute leben knapp 500 Menschen in dem Ort. Außer dem malerischen Hafen sind einige Gebäude aus dem ausgehenden 19. Jahrhundert erhalten.

62

Schiffbrüche sind an Islands Küsten häufiger zu beklagen. Seit das Lastschiff der Icelandic Steamship Company im Jahr 1916 strandete, liegt sein Wrack in der Nähe von Straumsnes am Strand.

63

Auch ein anderes Wrack mahnt an die Macht des Meeres. Das Schiff erlitt im Hornafjörður Schiffbruch. Der spektakulärste Fall aber ereignete sich 1947 an den Klippen von Látrabjarg. Die Besatzung des englischen Fischkutters wurde von Bauern gerettet, die sich waghalsig von den Klippen abseilten.

64

Die Felsnadeln von Reynisdrangar werden am westlichen Ende des Strandes von Vík von den eisigen Wellen des Ozeans umspült.

65

Die Küstenlagune des Hornafjörður ist vor etwa 3500 bis 5000 Jahren entstanden.

66

Einige kleine Inseln im Breiðafjörður haben die Vögel vollständig in ihren Besitz genommen. Gut 35 Arten nisten regelmäßig in der Gegend, zahlreich vertreten sind vor allem Papageitaucher, Eiderenten, schwarze Trottellummen, Kormorane und Kormoranscharben.

67

Die im Breiðafjörður gelegene Insel Flatey ist 2 Kilometer lang und halb so breit. Ihr Name bedeutet auf Deutsch „flache Insel". Der Ort war einst eine Hochburg der isländischen Kultur, auch ein Kloster war hier angesiedelt. Von dem 1172 errichteten Bau ist heute nichts mehr erhalten.

68

Reyðarfjörður ist der größte Fjord an der Ostküste. Er ist von schneebedeckten Bergen umgeben. Einer von ihnen ist der 581 Meter hohe Berg Grænafell.

69

Die spitzen Zacken des Vestrahorn, der an seiner allerhöchsten Stelle 888 Meter misst, ragen wie Kirchturmspitzen einer von der Natur errichteten Kathedrale empor.

70 und 71

Eingezwängt zwischen der Eisstirn des Gletschers Breiðamerkurjökull und dem Meer liegt die tiefe Lagune Jökulsárlón. Auf der eisigen Wasseroberfläche treiben zahlreiche blau schimmernde Eisberge, die eine ständige Bedrohung für die Straße darstellen, die hier über eine kleine Brücke geführt wird. Inmitten dieses Naturschauspiels wurden einige Szenen für den James-Bond-Film „Stirb an einem anderen Tag" gedreht. Im Sommer ist die Luft vom Flügelschlag Tausender Möwen, arktischer Seeschwalben und Sturmvögel erfüllt, die durch das reichhaltige Futter angezogen werden.

72

Skeiðarársandur ist eine riesige Schwemmlandebene, auf der sich feinstes Gletscher- und Flussgeröll abgelagert haben. Die Ebene ist ringsum vom Vatnajökull umgeben, dem größten Gletscher Islands und Europas.

73

Kap Ingólfshöfði ist ein Vorgebirge aus Basalt von gut einem Kilometer Länge, das an seinem höchsten Punkt 76 Meter aufweist. Der Ort hat historisch eine große Bedeutung, weil von hier die Besiedlung der Insel durch die von Norwegen kommenden Wikinger ihren Anfang nahm.

74–75
Mit dem Namen „Sandur" bezeichnet man eine Art Wüste aus Geröll. Während sich das Eis vorwärts schiebt, zermahlt es unter sich Felsgestein zu Kies und Sand. Das so zerkeinerte Geröll wird dann von den Schmelzwasserflüssen mitgerissen.

76

Der schwarze Lavastrand von Vík gehört zu den eindrucksvollsten Landschaften Islands. Auf den steil aufragenden Klippen nisten Tausende von Seevögeln.

77

Mitten in Mýrdalssandur, einer Wüste aus schwarzem Sand, erhebt sich der 220 Meter hohe Hjörleifshöfði. Mýrdalssandur wirkt auf den ersten Blick völlig leblos, aber das täuscht: Zahlreiche Vögel und arktische Wölfe sind hier beheimatet.

78

Hinter dem Vorgebirge Dyrhólaey ragt wie eine großartige Kulisse der Mýrdalsjökull hervor. Von den über 120 Gletschern Islands ist er einer der größten. Unter seiner Eiskappe liegt in einigen hundert Meter Tiefe der Krater des immer noch aktiven Vulkans Katla.

80
Dyrhólaey befindet sich im Süden der Insel, nicht weit vom Städtchen Vik entfernt. Die Gegend ist durch submarine Vulkanausbrüche entstanden, die sich vor 80 000 Jahren ereignet haben. Den Rest erledigte das Meer.

81
Dyrhólaey bedeutet auf Deutsch „Türinsel". Den Namen hat das Kap dem natürlichen Torbogen zu verdanken, der groß genug ist, um mit Booten bequem durchfahren zu werden. Dyrhólaey ist eigentlich ein Vorgebirge, das mit dem Festland durch einen schmalen Sandstreifen verbunden ist.

82 und 83

Heimaey ist die einzige bewohnte Insel des Vestmannaeyjar-Archipels (dt. Westmännerinseln). Im Jahr 1973 hatte ein Ausbruch des Vulkans Eldfell den Ort fast zerstört. Der Hauptstrom der Lava ergoss sich ins Meer, wodurch die Küstenlinie um zwei Quadratkilometer verschoben wurde.

FLYING HIGH ISLAND

Am 14. Oktober 1963 tauchte nach unzähligen und sehr heftigen Explosionen aus der Tiefe des Atlantischen Ozeans ein neuer Vulkan auf, der eine Insel bildete. Sie wurde in Erinnerung an Surtur, den Feuerriesen der nordischen Mythologie, Surtsey genannt.

86 und 87

Auf der Insel Heimaey wohnen etwa 4000 Menschen, die hauptsächlich vom Fischfang leben. Der Hafen öffnet sich auf einen Meeresarm, der zu den fischreichsten Islands zählt.

88 und 89

Zu den Vestmannaeyjar zählen 15 Inseln, deren jüngste vor 10 Jahren und deren älteste vor 12 000 Jahren infolge von Vulkanausbrüchen entstanden ist. Viele Vogelkolonien haben sich hier niedergelassen. Allein Heimaey wird von fast 8 Millionen Papageitauchern aufgesucht.

90 und 91

Die Halbinsel Reykjanes liegt nicht weit von Reykjavik entfernt im Südwesten Islands. Sie zeigt weitläufige Lavafelder und eine karge Vegetation. Je weiter man nach Süden vordringt, desto häufiger stößt man auf heiße, schwefelhaltige Quellen. Besonders eindrucksvoll ist das Geothermalgebiet von Krýsuvík. Auf den Klippen von Krýsuvíkurbjarg tummeln sich zahlreiche Kolonien von Dreizehenmöven, Trottellummen, Tordalken und Papageitauchern.

92–93
Viele Bauernhöfe in Südisland stehen in der Nähe großer Gletscherflüsse. Da diese mehrnals im Jahr die Felder überschwemmen können, ist es ein sehr hartes Leben.

94 und 95

Erde und Wasser bilden in der Gegend von Borgarnes ein reizvolles Mosaik. Die kleine Stadt im Westen Islands ist nicht nur für ihre Landschaft berühmt, sondern auch, weil Skallagrímur, der Vater Egills, hier wohnte, um den sich eine der wichtigsten Sagen der isländischen Literatur rankt.

96 und 97 rechts

In der Nähe des Lavafeldes Neshraun steht ein kleiner Leuchtturm. An der Steilküste nisten Hunderte von Papageitauchern und unzählige andere Seevögel.

97 links

Die Klippen in der Nähe von Arnarstapi, einem kleinen, hauptsächlich vom Kabeljaufang lebenden Fischerdorf, sollen von Elfen und anderen mythologischen Wesen bevölkert sein.

99

Eine Trichtermündung prägt die Küstenlandschaft Löngufjörur. Mit sandigen Buchten, Wattenmeer und brackwasserhaltigen Sümpfen stehen der Tierwelt hier unterschiedlichste Lebensräume zur Verfügung.

100–101

Ausgedehnte Küstenstriche mit vielen, teils weit verzweigten Zuläufen bilden ein ideales Biotop für Stand- und Zugvögel etlicher Arten. Vögel haben gegenüber anderen Tieren zweifellos den Vorteil, die abgeschiedene Insel erreichen zu können. Als vor mehr als 1000 Jahren die ersten Landnehmer auf der Insel eintrafen, war das einzige Säugetier, das sie dort vorfanden, der Fuchs.

102

Von oben gesehen zeigen sich Wasser, Vegetation und Sand auf der Halbinsel Snæfellsnes in immer neuen Formationen, die im Strudel der Strömungen farbenfrohe Arabesken bilden.

103

Löngufjörur (zu deutsch „langer Strand") heißt nicht von ungefähr so. Er erstreckt sich von Akrar über Mýrar bis nach Glámsflói und Sauratjörn auf der Halbinsel Snæfellsnes.

104 und 105

Die Breiðafjörður-Bucht ist etwa 50 Kilometer breit und 125 Kilometer lang und schiebt sich wie ein Keil zwischen die Westfjorde und die Insel. An der Küste steht nur ein schmaler Streifen Land zu Verfügung, auf dem verstreut einzelne Bauernhöfe und kleine Dörfer liegen.

106 und 107

Inmitten der Breiðafjörður-Bucht liegt Islands größtes Archipel. Während früher viele Inseln der Gruppe bewohnt waren, ist das ganzjährig heute nur noch auf Flatey der Fall. Unzählige kleine Inseln ragen wie Tüpfelchen aus dem Wasser, man schätzt, dass es mehr als 3000 sind.

108 und 109
Breiðafjörður bietet mit seinem flachen Gewässer, den kleinen Fjorden, Buchten, Wattenmeeren, Inseln und Klippen einen großartigen Anblick. Bei Flut kann der Meeresspiegel mitunter um sechs Meter steigen.

110

Im Westen Islands liegt die Insel Flatey. Ihre Bewohner pflegen noch Traditionen, Sitten und Gebräuche, die anderswo längst der Vergangenheit angehören. Früher war die Insel ein bedeutendes Handelszentrum.

111

Einer Sage zufolge sollen die Inseln im Breiðafjörður entstanden sein, als Trolle eines Nachts versuchten, die Westfjorde von Island zu trennen. Dabei gruben sie mit einem solchen Eifer, dass die Felsbrocken in alle Richtungen flogen und als Inseln im Wasser liegen blieben.

112 und 113

Die riesige Eismoräne Breiðamerkurjökull schmilzt. Ihr Wasser sammelt sich in einem See, auf dem Hunderte von Eisbergen schwimmen, die sich nach und nach von der Eisstirn gelöst haben.

114
Die unberührte Landschaft der Westfjorde bietet ein atemberaubendes Panorama. Die Gegend ist so unwirtlich wie kaum eine andere, aber zugleich von einer beeindruckenden Schönheit.

115
Auf den Westfjorden wird jedes noch so kleine Feld bestellt, das die Hochebene über den Steilhängen hergibt. Es gibt eine Straße, die aber nur mit Mühe befahren werden kann, weil sie kurvenreich jeder Windung der Fjorde folgt. Die Ortschaften sind winzig klein.

116 und 117
Die Westfjorde sind ein Werk der Elemente. Vulkane, reißende Flüsse und Gletscher, die sich vor Urzeiten ins Tal bis zum Meer schoben, haben die Landschaft hervorgebracht und geformt.

118

Hinter den vielen kleinen Ortschaften entlang der Westfjorde türmen sich majestätische Berge auf, die direkt ins Meer abzufallen scheinen.

119

Aus geologischer Sicht stellen die Westfjorde den ältesten Landesteil Islands dar. Sie entstanden vor 14 bis 15 Millionen Jahren, was nach isländischen Maßstäben uralt, aber im Vergleich zur Gesteinsbildung anderer Erdregionen geradezu jung ist.

120

Die Westfjorde gehören mit ihren Hunderten von Quadratkilometern unbewohnter Fläche zu den ursprünglichsten Landschaften Europas.

121

Der kleine Ort Flateyri liegt in den Westfjorden und lebt hauptsächlich vom Fischfang. Er ist für seine imposante und bezaubernde Umgebung sowie ein kleines Puppenmuseum bekannt.

123

Den Strand von Raudasandur in den Westfjorden mit seinem charakteristischen orangefarbenen Sand sollte sich kein Islandbesucher entgehen lassen. In dieser Gegend leben noch einige Bauernfamilien. Nicht weit von hier befinden sich die Klippen von Látrabjarg, wo man eine der größten Seevögelkolonien der Welt beobachten kann.

124 und 125
Zuweilen dringt die Flut mit einer solchen Gewalt in die Küstenlagune ein, dass der Eindruck entsteht, das Wasser fließe auf die Berge zu, wie hier in Mýrar auf der Westseite der Insel.

126 und 127
Island kämpft auch auf internationaler Ebene gegen die Verschmutzung der Meere. Die isländischen Gewässer (hier bei Mýrar) zählen zu den saubersten der Welt.

128 und 129

Von oben gesehen könnte man ihn für den Amazonas halten, dabei handelt es sich nur um einen der vielen reißenden Sturzbäche, die die Insel durchziehen. Island verfügt über Landschaften, die in Europa einzigartig sind, die aber drohen nach und nach zu verschwinden, wenn es nicht gelingt, den zunehmenden Tourismus und die verstärkte Ausbeute der Ressourcen zur Gewinnung von Strom und geothermaler Energie in den Griff zu bekommen.

130 und 131

Die Ebene von Akrar bietet ein buntes Mosaik unterschiedlicher Lebensräume, zu denen Wattenmeere, Brackwasserlagunen und Süßwassermoore gehören.

TRADITION UND MODERNE

FLYING HIGH

133
Höfn ist eine kleine Hafenstadt mit etwa 1800 Einwohnern im Südosten der Insel, mit dem Gletscher Vatnajökull im Rücken. Sie verfügt über ein Heimat- und ein Schifffahrtsmuseum.

Als Raben-Flóki zur Insel Snæland aufbrach, war er überzeugt, dort sein Glück zu finden. Er hatte schon viel von ihr gehört. Mehr als 20 Jahre zuvor war ein Schwede namens Naddoddur, als er auf dem Weg zu den Färöer vom Kurs abkam, auf der Insel gelandet, die er aber, nachdem er ihr den Namen Schneeland gegeben hatte, wieder verließ. Diese abgeschiedene Gegend schien Flóki Vilgerðarson vielversprechend. Er lud seine Familie und sein Hab und Gut auf ein Schiff und landete mit Hilfe von drei zahmen Raben 870 n. Chr. im nordwestlichen Teil der Insel, wo er sich niederließ. Aber sein Abenteuergeist wurde auf eine harte Probe gestellt. Als sein gesamtes Vieh dem strengen Winter zum Opfer fiel, gab er sich geschlagen und kehrte nach Norwegen zurück. Dass Raben-Flóki die Insel in Ísland umbenannte, kann man ihm nicht verdenken.

Kaum vier Jahre später unternahm der Norweger Ingólfur Arnarson einen Versuch, auf der Insel Fuß zu fassen. Ihn trieb eine drohende Verurteilung wegen Mordes zur Flucht aus Norwegen. Um den besten Ort für sein künftiges Zuhause zu finden, warf er, als er sich Island näherte, Holzstäbe ins Meer. Dort, wo sie an Land gespült wurden, am Strand von Faxaflói, ging er von Bord und nannte den Ort wegen des Dampfes, der aus den vielen heißen Quellen aufstieg, Reykjavík, „rauchende Bucht".

So wird es zumindest im Landnámabók, dem Buch der Landnahme, berichtet. Gestützt auf mündliche, im 12. Jahrhundert dann schriftlich festgehaltene Überlieferungen erzählt es von den Anfängen der Besiedlung Islands. Wahrscheinlicher ist jedoch, dass den norwegischen Einwanderern schon irische Mönche zuvorgekommen waren, die es auf

134
Reykjaviks farbenfrohe Häuser fallen sofort ins Auge. Die meisten Einwohner leben im eigenen Haus mit Garten.

Tradition und Moderne

der Suche nach Land zur Gründung von Einsiedeleien oder nach Völkern, die es zu bekehren galt, auf die Insel verschlagen haben mag. Das Auftauchen der drachengekrönten Schiffe hatte die Mönche sicherlich Reißaus nehmen lassen, denn den Wikingern eilte der Ruf voraus, mit den Dienern Gottes kurzen Prozess zu machen. Dem Beispiel Ingólfur Arnarsons folgten bald andere. Sie gründeten 930 eine Art Republik, die über das erste demokratische Parlament der Welt verfügte.

Das Alþing, wie das Parlament noch heute heißt, bestand aus einer Vollversammlung, die in Þingvellir abgehalten wurde. Dort trafen sich die Häupter der verschiedenen Sippen, um über Gesetze zu diskutieren, Beschlüsse zu fassen und Urteile zu fällen. Damals lebten die Isländer nicht in Städten, sondern auf abgeschiedenen Bauernhöfen. Die Gesellschaft war nach dem Vorbild der Familie strukturiert, die sich aus Blutsverwandten, Freunden, Dienern, Sklaven und angeheirateten Verwandten zusammensetzte. Fehden waren an der Tagesordnung, wie die Sagen bezeugen. Die Blutrache war eine Frage der Ehre und die Köpfe der Feinde konservierte man in Salz. Ende des 12. Jahrhunderts war das Land durch die inneren blutigen Kämpfe so sehr geschwächt, dass es in die Hände der Norweger und schließlich der Dänen fiel. Erst am 17. Juni 1944 erlangte Island seine Unabhängigkeit zurück.

Seitdem hat sich viel verändert. Bis zum Zweiten Weltkrieg war Islands Wirtschaft hauptsächlich bäuerlich geprägt. Inzwischen hat eine Verstädterung stattgefunden, fast 90 Prozent der Bevölkerung leben heute in Städten und Ortschaften. Ungefähr die Hälfte der 312 000 Einwohner Islands wohnt in Reykjavík, die nicht nur die nördlichste Hauptstadt Europas, sondern auch eine der saubersten ist. Der Dampf aus den vielen heißen Quellen wird in Rohrleitungen aufgefangen und für die Erzeugung von elektrischer Energie und zum Heizen genutzt.

Der Anblick der Stadt ist bezaubernd. Sie liegt auf einer Halbinsel inmitten der weitläufigen Bucht Faxaflói und wird auf einer Seite vom eisigen Wasser

Tradition und Moderne

des Atlantischen Ozeans und auf der anderen Seite vom Berg Esja gesäumt.

In der Altstadt, die in etwa die Straßen um Lækjargata und den Hafen umfasst, reihen sich weiße Holz- an farbenfrohe Massivbauten, während in den modernen Vierteln, die sich nach Osten ausdehnen, ein chaotisches Nebeneinander von Hotels, Geschäften, Theatern und futuristischen Bauten herrscht. Zu Letzteren gehören die gewaltige Kuppel aus Glas und Stahl im Viertel Öskjuhlið, die ein riesiges Heißwasserreservoir überspannt, sowie die Kirche Hallgrímskirkja, die wie ein aus Basaltlava aufgetürmter Berg anmutet und mit 74,5 Metern das vierthöchste Gebäude Islands ist. Von der Spitze des Turms bietet sich ein atemberaubendes Panorama, besonders abends, wenn die Sonne im Meer versinkt. In Reykjavík werden Unmengen von Büchern verschlungen und es wird ausgiebig getrunken. Die Stadt ist berühmt für ihr Nachtleben. Außerdem bleibt es im Winter hier gerade einmal drei oder vier Stunden hell.

Nachtschwärmern bietet Laugavegur, die wichtigste Einkaufszeile, eine Fülle von Bars, Kneipen und Diskotheken, in denen man bis zum Morgen durchmachen kann. Das Herz der Stadt ist der eisfreie Hafen, an dem man jeden Tag das ständige An- und Ablegen der vielen Handelsschiffe beobachten kann. Nach Reykjavík kommt man kaum der Kunst und Kultur wegen. Aber das Nationalmuseum, in dem die wikingischen Fundstücke aufbewahrt werden, oder das Alþing, den Sitz des Parlaments, sollte man sich ansehen. Von dort sind es nur ein paar Schritte bis zur Statue von Jón Sigurðsson, der wie ein Nationalheld verehrt wird, weil er die Unabhängigkeit von Dänemark entscheidend vorangetrieben hat. Auch das Naturkundemuseum und der Botanische Garten lohnen einen Besuch.

Im Viertel Árbær befindet sich ein einzigartiges Freilichtmuseum, das Árbæjarsafn. Es umfasst 30 Bürgerhäuser und Torfhütten aus dem 19. Jahrhundert und gewährt Einblicke in das Leben, wie es sich damals in diesem abgelegenen Winkel der Welt ab-

138
Die Isländer nennen Akureyri auch die „Stadt der Mitternachtssonne", weil sie trotz ihrer Nähe zum nördlichen Polarkreis oft von warmem Sonnenlicht überflutet ist.

spielte. Neben der dynamischen und kosmopolitischen Hauptstadt gibt es auf Island nur wenige Städte von Bedeutung.

Etwa 10 Kilometer südlich von Reykjavík, in der Faxaflói-Bucht, erhebt sich Hafnarfjörður. Einer alten Sage nach soll die Stadt von Elfen bevölkert sein. Überzeugt, dass diese bis heute dort leben, hält man im Informationsbüro eine Karte bereit, auf der ihre mutmaßlichen Wohnungen eingezeichnet sind.

Auf der Südseite der Insel sind außer Reykjavík und Hafnarfjörður noch die Orte Kópavogur, Akranes, Selfoss und Keflavík, wo sich der internationale Flughafen befindet, erwähnenswert. Die wichtigste Stadt im Osten der Insel heißt Egilsstaðir. Im Norden, an der Küste zur Grönlandsee, befindet sich Akureyri. Die nach Reykjavík, Kópavogur und Hafnarfjörður viertgrößte Stadt der Insel wird von den Isländern die „Stadt der Mitternachtssonne" genannt. Die bunt gestrichenen, fast lückenlos aneinandergereihten Häuser schlängeln sich bis zum Hafen, wo sich Fischverarbeitungsbetriebe angesiedelt haben. Gut 70 Kilometer nördlich liegt das Örtchen Húsavík, das als Ausgangspunkt von Walbeobachtungsfahrten bekannt geworden ist. Hier gibt es ein Walmuseum, in dem die Skelette verschiedener Walarten ausgestellt sind, sowie das Phallusmuseum. Mit seinen 150 Ausstellungsstücken hat es die weltweit größte Sammlung von Penissen fast aller Säugetierarten, die auf der Insel im Wasser oder auf dem Land vorkommen, darunter Wale, Eisbären (ab und zu wird einer auf einem schwimmenden Eisberg bis hierher getrieben), Seehunde, Pferde, Schafe und Kühe. Stünde das Museum nicht auf Island, würde man nicht glauben, dass es so etwas gibt.

140–141
Die Hallgrímskirkja sticht aus der niedrigen Bebauung Reykjavíks hervor. Die Kirche ist mit ihren 74,5 Metern das vierthöchste Gebäude Islands. Sie ist nach Hallgrímur Pétursson, einem Dichter des 17. Jahrhunderts, benannt.

142

Von der Aussichtsplattform des Kirchturms bietet sich ein wunderbarer Blick über die Stadt. Aber die Hauptattraktion der Hallgrímskirkja ist die mit über 5000 Pfeifen ausgestattete große Orgel.

143

Im Jahr 1000 beschlossen die in Þingvellir versammelten Häupter der Wikinger den Beitritt zum Christentum. Heute sind etwa 87 Prozent der Bevölkerung evangelisch-lutherisch und gut 2 Prozent katholisch.

144

Reykjavík verfügt über zahlreiche Schwimmbäder, die überwiegend geothermisch beheizt werden. Eins der modernsten ist Laugardalur.

145

Mit seiner ausgefallenen Architektur gehört Perlan zu den bekanntesten Bauten Islands. Unter der Glaskuppel befindet sich ein riesiges Heißwasserreservoir, das zum Beheizen von Wohnungen genutzt wird. Das Perlan beherbergt auch das Sagamuseum und ein Aussichtsrestaurant.

146 links

Reykjavík wächst rasant, wie man an dem sich ständig wandelnden Stadtbild erkennen kann.

146 rechts

Das Fußballstadion Laugardalsvöllur liegt in Reykjavík im Viertel Laugardalur und bietet Platz für 14 000 Zuschauer.

147

Die Moderne bestimmt das Stadtbild der nördlichsten Hauptstadt der Welt. Die jüngsten Bauten zeigen futuristisch anmutende geometrische Formen.

148 und 149

In den letzten Jahren verlegte fast die Hälfte der isländischen Bevölkerung ihren Wohnsitz nach Reykjavik. Die Stadt erfuhr dadurch eine Expansion ohnegleichen, ganze Viertel wurden nach neuesten architektonischen Vorstellungen hochgezogen.

150 und 151
Auf den ersten Blick wirkt Reykjavík eher klein- als großstädtisch, aber auf Island herrschen andere Maßstäbe. In dem Häusermeer, das sich über das Zentrum erstreckt, gleicht kein Haus dem anderen. Die Dächer sind mit farbigem Blech gedeckt.

152 und 153

In Reykjavík herrscht dank des eisfreien Hafens das ganze Jahr über Geschäftigkeit. Der Hafen ist auf zwei Orte verteilt. Während im älteren, in der Nähe des Zentrums gelegenen Gamla Höfnin Schiffe bis zu 150 Meter Länge anlegen, werden alle, die größer sind, zur etwa drei Kilometer weiter östlich errichteten neuen Hafenanlage Sundahöfn geleitet.

SIGURÐUR VE 15
VE 15
1039
MAGNI

154 und 155 links

Dem Hafen von Reykjavík kommt nicht nur für Islands See- und Handelsmarine strategische Bedeutung zu, sondern für den gesamten nordatlantischen Raum.

155 rechts

Viele Fabriken und Industrieanlagen haben sich in Reykjavík in der Nähe des Hafens angesiedelt.

156
Die Hauptstadt Reykjavík verfügt über breite und moderne Straßen. Die Hauptverkehrsader Islands ist jedoch die Ring Road (Straße Nr. 1), ein schmales Asphaltband, das sich mit einer Länge von 1000 Kilometern um die Insel legt.

157
Der internationale Flughafen Keflavík liegt 50 Kilometer südwestlich von Reykjavík. Er wird kommerziell, militärisch und zivil genutzt. Pro Jahr werden etwa zwei Millionen Passagiere abgefertigt.

158 links
Umweltverschmutzung gibt es so gut wie nicht, da die Wohnungen in der Hauptstadt mit geothermisch gewonnener Energie beheizt werden.

158 rechts
Auch in der näheren Umgebung von Reykjavík kann man sich an einer noch weitgehend intakten Natur erfreuen. Nicht selten werden Häuser nur einen Steinwurf vom Meer entfernt gebaut.

159
Die Lage Reykjavíks ist großartig. Das Meer und die oft schneebedeckten Gipfel des Bergs Esja bilden eine einzigartige Kulisse.

160
Die Stadt Siglufjörður lebt hauptsächlich vom Fischfang. Letztes Jahrhundert noch war sie wegen ihres Heringsfangs in ganz Skandinavien berühmt, allerdings setzte in den 70er Jahren der Rückgang der Fischbestände dem Aufschwung ein jähes Ende.

161
Siglufjörður ist die nördlichste Stadt Islands. Sie liegt am Fuß hoher Berge in der Nähe eines kleinen Fjords, der nach ihr benannt ist.

162 links
Dalvík ist ein reizendes Fischerdorf im Norden Islands. Es ist umringt von mächtigen Bergen, deren Gipfel das ganze Jahr über Schnee tragen.

162 rechts
Das kleine, auf der Insel Hrísey gelegene gleichnamige Fischerdorf ist von Árskógssandur aus gut mit der Fähre zu erreichen.

163
Ólafsfjörður entstand Anfang des 20. Jahrhunderts an einem sehr schmalen Fjord im Norden Islands. Seine Bewohner leben vom Fischfang und ein bisschen auch von der Landwirtschaft.

164 und 165

'Akureyri ist die zweitwichtigste Stadt Islands. Sie wurde im 10. Jahrhundert von einem wikingischen Seefahrer norwegischer Herkunft gegründet, der sich am Ende eines langen Fjords niederließ. Heute ist Akureyri eine moderne Stadt. Sie strahlt trotz eines verkehrsreichen Handelshafens eine beschauliche Atmosphäre aus. Die baumbestandenen Gärten und blühenden Beete lassen die Nähe zum nördlichen Polarkreis fast vergessen.

166
Ungefähr 70 Kilometer nördlich von Akureyri in Richtung des nördlichen Polarkreises liegt Húsavík. Es ist der berühmteste Ort Europas, um Wale zu beobachten. Alles dreht sich hier um das *whale watching,* von Bootsausflügen über Führungen bis zum lokalen Kunsthandwerk.

167
Die 1907 errichtete und erst kürzlich renovierte Kirche von Húsavík gilt als eine der schönsten Holzkirchen Islands.

168 und 169

Der kleine Ort Flateyri öffnet sich zum Önundarfjörður hin, einem der beeindruckendsten Fjorde im Nordwesten Islands. Erwerbsgrundlage der etwa 300 hier lebenden Menschen ist der Fischfang. Den Kirchplatz schmückt das Gerippe eines riesigen Wals, da bis Anfang des letzten Jahrhunderts die Bewohner von Flateyri in erster Linie vom Walfang lebten.

170

Der breite Fjord Öxarfjörður liegt im Nordosten der Insel zwischen dem Kap Tjörnes und dem Kap Melrakkaslétta. Der einzige erwähnenswerte Ort an seiner Küste ist das kleine Dorf Kópasker.

171

Viele Wege laden von Bakkagerði zum Erkunden der umliegenden Berge ein. Der Ort mit knapp 100 Einwohnern hat seine Bekanntheit Elfen zu verdanken. Es wird erzählt, dass ihre Königin unter dem Felsen Álfaborg, auch „Elfenhügel" genannt, residiert.

172 und 173

Das 1848 von norwegischen Fischern gegründete Städtchen Seyðisfjörður verfügt über einen der betriebsamsten Häfen der Ostküste. Hier legen täglich Schiffe an, die vom europäischen Kontinent Waren und Personen auf die Insel befördern. Der Ort lebt fast ausschließlich vom Fischfang und vom Tourismus. Er ist für seine charakteristischen bunten Holzhäuser bekannt. Die Umgebung ist dank mächtiger Berge und mehrerer Wasserfälle landschaftlich sehr reizvoll.

174 und 175

Am Fuß einer fast 800 Meter hohen Felswand liegt mit Blick auf das ruhige Wasser des Norðfjörður die östlichste Stadt Islands – Neskaupstaður. Ihre Gründung geht auf das Jahr 1882 zurück. Viele Jahre verteidigte sie ihren Ruf als Hauptstadt des Heringfangs. Heute spielt sie als wichtiges Industrie- und Handelszentrum eine Rolle.

176 und 177

Borgarnes am Borgarfjörður erhebt sich auf einer schmalen Landzunge, die sich weit in den Fjord hinausschiebt. Aufgrund starker Meeresströmungen kann der Ort im Unterschied zu vielen anderen isländischen Dörfern nicht vom Fischfang leben. Stattdessen hat er sich dank Verwaltungsbehörden, Geschäften und einer Grundschule zum Dienstleistungszentrum für die umliegenden Ortschaften entwickelt.

178

Die Hafenstadt Keflavík mit etwa 11 000 Einwohnern ist vor allem wegen des internationalen Flughafens und der US-amerikanischen Militärbasis bekannt.

179

Das kleine Fischerdorf Sandgerði auf der Westseite der Halbinsel Reykjanes liegt nur wenige Kilometer vom Flughafen Keflavík entfernt. Es verfügt über einen betriebsamen Hafen mit einem weit sichtbaren, gelben Leuchtturm.

180

Seltjarnarnes liegt am westlichen Ende der Halbinsel Reykjavik. Hier sollte man keinesfalls den Untergang der Sonne in der „Dänemarkstraße", der Meeresenge, die Island von Grönland trennt, versäumen.

181

In dem kleinen Ort Vogar gibt es keine Läden, nur eine Handvoll Bauernhöfe und einen Campingplatz, der eine halbe Autostunde von Reykjavik entfernt liegt.

182

Ihren einstigen Namen „Lavastadt" verdankt Hafnarfjörður den weitläufigen Lavafeldern, von denen die Stadt umgeben ist. Die drittgrößte Stadt nach Reykjavík und Kópavogur liegt an der südwestlichen Küste, gut 10 Kilometer von der Hauptstadt entfernt. Jedes Jahr werden hier beim internationalen Wikingerfestival Schaukämpfe ausgetragen. Die Protagonisten tragen historische Kostüme und gehen mit Schwertern aufeinander los. Außerdem werden Produkte wikingischer Handwerkskunst zum Kauf angeboten.

184
Die Blaue Lagune ist einer der touristischsten Orte der Insel. Über der ganzen Gegend hängt Schwefelgeruch. Die Thermalbäder sind für ihre Heilwirkung bekannt.

185
Grindavík ist der Geburtsort des isländischen Schriftstellers Guðbergur Bergsson. Die kleine Küstenstadt mit etwa 2000 Einwohnern ist ein wichtiger Standort für den Fischhandel und den Kabeljaufang.

186 und 187

Þingvellir ist ein Ort von hohem Symbolwert für das isländische Volk. Auf diesem Lavafeld hielten vom 10. Jahrhundert an jeden Sommer die Häupter der wikingischen Sippen ihren Alþing ab. Nach Auffassung der Historiker handelte es sich dabei um das erste Parlament Europas. Die weitläufige Ebene Þingvellir verfügt über eine außergewöhnlich schöne Landschaft mit Schluchten, Grotten, Wildbächen, Quellen, Wasserfällen und Seen. Und hier tritt der Mittelatlantische Rücken zutage, der die Nordamerikanische von der Europäischen Platte trennt.

188 links

Der 2000 Einwohner zählende Ort Hveragerði liegt etwa 40 Kilometer entfernt von Reykjavík am Fluss Varmá.

188 rechts

Auch die Isländer suchen den Touristenort Hveragerði gerne auf. Dank seiner Nähe zu Reykjavík ist er als Ziel für eine Spritztour ins Grüne bei den Hauptstädtern sehr beliebt.

189

In unmittelbarer Nähe von Hveragerði sind außer einigen Heißwasserquellen zwei mächtige Geysire aktiv. Seit Langem wissen die Isländer sich die geothermale Energie zunutze zu machen.

190
Stokkseyri besteht aus wenigen Häusern, einer Fischverarbeitungsfabrik und einem Hafen, von dem die Fischerboote auslaufen. Der Strand aus schwarzem Sand wirkt sehr pittoresk.

191
Die Gegend um Stokkseyri in der Region Flói im Süden Islands verfügt über fruchtbaren Boden. Etwas außerhalb des Ortes befindet sich in einer ehemaligen Käserei das Bauernmuseum Baugsstaðir. Hier sind Vorrichtungen und Geräte zur Milch- und Käseverarbeitung zu besichtigen.

192 und 193
Die 1927 gegründete Ortschaft Hella liegt am Ufer des Flusses Ytri-Rangá, der über eines der reichsten Lachsvorkommen Islands verfügt. Hella ist berühmt für die Islandpferde und das Reitsportfestival, das jedes Jahr am ersten Juliwochenende stattfindet und ein dichtes Programm an Wettkämpfen und Vorführungen bietet.

194
Patreksfjörður liegt am nördlichen Ufer des gleichnamigen Fjords in den Westfjorden. Der Ort wurde nach dem Bischof der britischen Inseln St. Patrick benannt, den die ersten Landnehmer sehr verehrten.

195
Eines der ältesten Fischerdörfer Islands ist Bolungarvík. In dem kleinen Ort am Fuß des Berges Traðarhorn im Nordwesten der Insel hat die Fischindustrie eine lange Tradition.

196–197

Der Legende nach soll Bolungarvik Mitte des 10. Jahrhunderts von einer Frau gegründet worden sein, einer gewissen Þuríður Sundafyllir. Der Ort ist den Unbilden der Witterung ungeschützt ausgesetzt, weshalb die 1000 Einwohner das schlimmste Klima ganz Islands erdulden müssen.

198

Stykkishólmur ist die größte Ansiedlung auf der Halbinsel Snæfellsnes. Die zu Beginn des 17. Jahrhunderts gegründete Stadt verfügt über einen wichtigen Handelshafen, aber auch der Heilbuttfang trägt zum Wirtschaftsleben bei. Das auffälligste Gebäude ist die moderne, ganz in weiß gehaltene Stykkishólmskirkja.

200

Die kleine Stadt Blönduós lebt vom Handel sowie vom Garnelen- und Muschelfang. Sie liegt im Nordwesten der Insel an der Mündung des Flusses Blanda, der sie durchfließt.

201

Die kleine Stadt Sauðárkrókur im Norden Islands öffnet sich zum Fjord Skagafjörður. Sie lebt hauptsächlich vom Fischfang und von der Wollverarbeitung.

202
In Kirkjubæjarklaustur leben nicht mehr als 150 Menschen. Der Ort im Süden Islands liegt inmitten von Lavafeldern auf halber Strecke zwischen Vík í Mýrdal und Höfn.

203
Vík í Mýrdal ist Islands einzige Stadt am Meer, die über keinen Hafen verfügt. Die schwarzen Sandstrände südlich von Vík wurden 1991 in die Liste der 10 schönsten Strände Islands aufgenommen.

HOCH ÜBER DEM EIS

FLYING HIGH

FLYING HIGH ISLAND

205
Island ist eine der aktivsten Vulkanregionen der Welt (links). Die heute auf der Insel gezüchteten Schafe (rechts) wurden vor etwa 1100 Jahren von den Wikingern auf die Insel gebracht.

Island ist ein junges Land. Es entstand erst vor knapp 14 Millionen Jahren, also „vorgestern", wenn man in geologischen Kategorien denkt.
Erdbeben und Eruptionen stehen auf der Tagesordnung. Grund dafür ist die Lage der Insel auf dem Atlantischen Rücken, wo die Eurasische und die Amerikanische Kontinentalplatte nach Osten bzw. Westen auseinanderdriften. Der größte Teil des isländischen Gesteins ist vulkanischen Ursprungs, am meisten verbreitet sind der dunkle Basalt, der entsteht, wenn dünnflüssige Lava erkaltet, und der eher helle Rhyolith, für den zähflüssige Lava das Basismaterial gestellt hat. Nach Erkalten changiert ihre Farbe ins Grau, Gelb oder Rosa. Auch Obsidian und Bimsstein, die beide zur Rhyolith-Familie gehören, sind häufiger zu finden.

Vulkantätigkeiten sind zweifellos sehr gefährlich, aber man kann sie sich auch zunutze machen. Die Erdwärme erzeugt eine saubere, erneuerbare Energie. Wenn Grundwasser mit Magma in Kontakt kommt, steigt es als heiße Quelle oder Geysir zur Erdoberfläche auf. Dieses heiße Wasser ist ohne viel Aufwand vielfältig nutzbar: zum Beheizen von Gewächshäusern, für Fischzuchtanlagen, zum Dörren von Lachs und vor allem für die Heizungen der Wohnungen. Auf Island werden 87 Prozent der Häuser geothermisch beheizt. Aus der Erdwärme wird auch Elektrizität gewonnen. Dazu treibt der unter Druck gesetzte, sehr heiße Dampf Turbinen und einen Generator an, der die Elektrizität erzeugt. Geothermalkraftwerke befinden sich in Nesjavellir, Krafla und zwischen Húsavík und Reykjanes.

206
Ein weicher Moos- und Flechtenteppich überzieht die aufgebrochene Erdkruste und die Lavafelder des Geothermalgebiets Þeistareykjabunga.

Hoch über dem Eis

Das berühmteste Geothermalkraftwerk ist Svartsengi, weil es die Blaue Lagune speist, ein riesiges Thermalbad, das seine charakteristische Farbe den blaugrünen Algen und der Kieselerde verdankt, die sich weiß und schlammig auf dem Boden des Sees abgesetzt hat. Wer jemals in die Blaue Lagune eingetaucht ist, wird dieses Erlebnis nicht mehr vergessen. Die kostengünstige Erzeugung von Energie ist zweifellos attraktiv, aber dürfen dadurch wahre Naturparadiese aufs Spiel gesetzt werden?

Das scheint zurzeit bei der Errichtung des gigantischen Staudamms der Fall zu sein, der mit seinen 193 Meter Höhe und 730 Meter Länge einmal der größte Europas sein wird. Für die hydroelektrische Energiegewinnung müssen auf der östlichen Hochebene zwischen dem Gletscher Vatnajökull und der Stadt Egilsstaðir zwei Gletscherflüsse reguliert werden. Der Staudamm Kárahnjúkar wird 57 Quadratkilometer nur von Rentieren und Zugvögeln bewohntes Gebiet überfluten. Und das Ganze nur, um günstigen Strom zu erzeugen, der dem multinationalen Konzern Alcoa für seine in diesem Teil der Insel geplante Aluminiumschmelze zur Verfügung gestellt werden soll. Dafür wird eine Verschandelung der Umwelt in Kauf genommen und eine tiefe Wunde in eine der schönsten Landschaften unseres Planeten gerissen. Island besteht noch größtenteils aus unberührter Natur. Lediglich ein Viertel der Insel ist überhaupt bewohnbar. Flüsse, Schluchten, Wasserfälle, unendliche Weiten vulkanischen Sands und immer wieder, so weit das Auge reicht, die Tundra mit ihren Farbspielen und Wasserspiegelungen. Damit dieses einmalige Erbe der Natur erhalten bleibt, sind 4 Nationalparks, 13 Regionalparks und 36 Naturschutzgebiete eingerichtet worden. Der Nationalpark Þingvellir liegt 30 Kilometer von Reykjavík entfernt an den Ufern des

Hoch über dem Eis

Sees Þingvallavatn. Der Ort hat für das isländische Volk symbolische Bedeutung. Hier trat von 930 bis 1120 n. Chr. jeden Sommer für zwei Wochen das Alþing, die Vollversammlung der Oberhäupter, zusammen. Die Goden, die Träger der Regierungsgewalt, waren in zivilen wie in religiösen Fragen die Autorität. Den sehr isoliert lebenden Sippen bot die Vollversammlung Gelegenheit, sich zu treffen und zu feiern, Neuigkeiten auszutauschen, Bündnisse zu schließen und Ehen zu schmieden. Eine Fahne markiert heute den Lögberg, den Fels, auf dem Gesetze verlesen und Beschlüsse verkündet wurden. Um das Jahr 1000 wurde der Übertritt zum Christentum beschlossen. Von einem Tag auf den anderen wurde den Götzen und Göttern abgeschworen.

Im südwestlichen Teil der Insel liegt der 1967 geschaffene Nationalpark Skaftafell, der ein Gebiet von 4800 Quadratkilometern umfasst. Die Landschaft ist voller Gegensätze. Eiskappen gehen in steile Felsklüfte und tiefe Täler in ausgedehnte Vulkanfelder über. Skeiðarárjökull, Morsárjökull und Skaftafellsjökull, drei nach Süden auslaufende Zungen des Vatnajökull, des bedeutendsten Gletschers Europas, geben dieser Region ein unverwechselbares Gesicht. Auch Skeiðarársandur liegt im Gebiet des Nationalparks. Die sich im Endlosen verlierende Wüste aus Geröll, Sand und Asche ist die größte Sanderfläche der Welt. Schließlich gehören noch die Laki-Krater dazu, die in der Vergangenheit Tod und Verderben über das Land gebracht haben.

Hauptattraktion ist Svartifoss, der schwarze Wasserfall, der seinen Namen den dunklen Basaltsäulen verdankt, über die das Wasser hinabstürzt. Die sechseckige Form der Säulen scheint wie von Künstlerhand gehauen, dabei ist sie allein durch den Kontakt von rasch erkaltender Lava und Wasser

210
Das Thermalbad Blaue Lagune wird mit dem warmen Wasser aus dem nahen Geothermalkraftwerk Svartsengi gespeist. Seine charakteristisch blaue Farbe geht auf die im Wasser enthaltenen Blaualgen, Mineralsalze und Kieselerde zurück.

entstanden. Diese Säulen standen bei der Planung der Hallgrímskirkja und des Nationaltheaters Pate.

Im Norden erstreckt sich über 1200 Quadratkilometer der Nationalpark Jökulsárgljúfur. Im Herzen des 1978 eingerichteten Schutzgebiets liegt die Schlucht Jökulsá á Fjöllum. Während in Richtung Norden Grasland, Teiche und Sümpfe überwiegen, hat sich in der Nähe des Arktischen Ozeans bei Ásbyrgi in einer vor den eisigen Nordwinden geschützten Schleife ein Wäldchen aus Birken und Stumpfblättrigen Weiden angesiedelt. Es gehört zum kümmerlichen Baumbestand, der auf der Insel überlebt hat. Ausgrabungen und archäologische Forschungen haben gezeigt, dass die Insel zur Zeit der Wikinger noch zu mehr als 30 Prozent mit Wald bedeckt war. Von der intensiven Abholzung für den Bau von Häusern und Schiffen sowie zum Feuer machen, hat sich die Umwelt nie wieder erholt. Dem Kahlschlag fielen im Laufe der Jahrhunderte 8000 Quadratkilometer Wald zum Opfer. Um 1900 waren bereits 90 Prozent der Wälder unwiederbringlich verloren.

Der vierte Nationalpark reicht als einziger bis zum Meer. Er schließt den auf der gleichnamigen Halbinsel gelegenen Snæfellsjökull mit ein, unter dem der noch aktive, von einem weiten Lavaring umgebene Vulkan Snæfell ruht. Sein Krater ist 200 Meter tief. Dank Jules Vernes „Reise zum Mittelpunkt der Erde" gehört er heute zu den bekanntesten Bergen der Insel. Sein letzter Ausbruch liegt 1800 Jahre zurück. Auf dem Snæfell ist auch eine der bekanntesten isländischen Sagen lokalisiert. Sie handelt von Gott Bárður. Unverkennbar zieht sich ein roter Faden von den antiken Heldensagen bis zur jüngsten Literatur. Nicht nur damals, auch heute noch können auf Island leicht die Grenzen zwischen Imagination und Wirklichkeit verschwimmen.

212
Die Gegend um Akrar zeigt ein apartes Muster aus grünen, moosbedeckten Flächen, Schlammpfuhlen und kleineren Seen.

213
Früher verwendete man Torf nicht nur zum Beheizen der Bauernhäuser, sondern, gestochen in großen Blöcken, auch als Baumaterial.

214–215
Das Hochplateau in der Gegend Þeistareykjabunga fällt durch die Verschiebung von mächtigen Teilen der Erdkruste nach zwei Seiten steil ab.

216

Der pyramidenförmige Berg Kirkjufell zählt zu Islands Naturdenkmälern. Er entstand infolge eines Ausbruchs an der östlichen Seite des nicht mehr aktiven Vulkans Helgafell.

217

An der Mýrar-Küste im Westen Islands herrscht nur in Ausnahmefällen klares Wetter. Die Gegend zwischen dem 62. Breitengrad Nord und dem Polarkreis gilt aus meteorologischer Sicht als turbulent, weil sich hier viele der Tiefdruckgebiete bilden, die dann über Europa ziehen.

218 und 219

Im Nordosten Islands, nicht weit vom See Mývatn, stürzt der Fluss Jökulsá á Fjöllum am Wasserfall Dettifoss 45 Meter in die Tiefe. Mit einer Wassermenge von 500 Kubikmetern pro Sekunde gilt er als der mächtigste Wasserfall Europas.

220

220

Die Solfataren von Námaskard in der Nähe des Mývatn bieten mit ihren aufsteigenden Dämpfen, blubbernden Schlammtümpeln und schwefligen Ablagerungen, die das umliegende Gestein in alle erdenklichen Rot- und Gelbtöne färben, eine selbst für Island einzigartige Szenerie.

221

In der Gegend von Námafjall befinden sich unzählige Solfataren, große Schlammtöpfe und heiße Quellen. Mit ihren vielen Farbschattierungen verleihen sie der Landschaft einen besonderen Reiz.

222
Das Geothermalgebiet Þeistareykjabunga bietet aufgrund seiner hohen Temperaturen ein energetisches Potenzial, das erst noch zu erschließen ist. Früher wurde hier einmal Schwefel abgebaut, verarbeitet und dann nach Kopenhagen verschifft.

225
Die Schlucht von Ásbyrgi wurde durch die mächtigen Wassermassen des Flusses Jökulsá á Fjöllum geformt. Der Legende nach soll ihre eigentümliche Hufeisenform durch einen Abdruck entstanden sein, den Odins Pferd hinterlassen hat. In einer vor den eisigen Nordwinden geschützten Schleife ist das einzige Wäldchen zu finden, das sich auf Island erhalten hat. Es setzt sich aus Birken und Stumpfblättrigen Weiden zusammen.

226 und 227

Der Jökulsá á Fjöllum nimmt alle Wasserläufe auf, die den Nordhang des Vatnajökull, des größten Gletschers Islands, hinabfließen. Mit einer Länge von etwa 200 Kilometern ist er der zweitgrößte Fluss Islands.

228

Der Mensch hat sich stets bemüht, mit seiner Hände Arbeit die isländische Landschaft nach seinen Bedürfnissen zu formen. Er hat Felder angelegt, wo immer das möglich war, aber die zu Stein geronnenen Lavaströme des Vulkans Hekla erinnern daran, dass die Natur hier immer das letzte Wort behält.

231
Auf dem eisigen Wasser des Breiðamerkurjökull treiben Hunderte blau schimmernde Eisberge. Arktische Impressionen wie aus dem Bilderbuch.

232

Auf der Mýrar-Ebene weiden zahlreiche Schafe und Pferde, vor allem in der Umgebung von Álftanes. Auf der ganzen Insel ist nur eine einzige Pferderasse zu finden. Alle Pferde stammen noch in direkter Linie von den Tieren ab, die die Wikinger einst auf die Insel gebracht haben.

233

Jahrhundertelang war die isländische Gesellschaft bäuerlich geprägt. Erst in den letzten Jahrzehnten setzte eine Landflucht ein, in deren Folge große Teile der Bevölkerung in die Städte zogen.

Die nur zwei Meter tiefe, von steilen Lavawänden umgebene Blaue Lagune scheint ein Wunderwerk der Natur zu sein. Dabei wurde sie als Auffangbecken für das aus dem Geothermalkraftwerk zurückfließende Wasser künstlich angelegt. Wie die Isländer nur zu gut wissen, ist ein Bad in ihrem heißen Wasser, besonders wenn es schneit oder Temperaturen unter null herrschen, ein unvergessliches Erlebnis.

236 und 237

Das Geothermalgebiet Krýsuvík auf der Halbinsel Reykjanes im Süden Islands zählt zu den wichtigsten der Insel. Inmitten karger Lavafelder sprudeln heiße Schlammquellen hervor, zwischen denen man sich auf eigens dazu angelegten Laufstegen bewegen kann.

239

Auf Island gibt es noch etwa 4000 vereinzelte Bauernhöfe, wie hier in Borgarfjörður. Die Landwirtschaft stellte über Jahrhunderte die Haupterwerbsquelle dar. Oft befindet sich der Boden seit Generationen in Familienbesitz. Neben der Zucht von Kühen und Schafen spielt der Anbau von Rüben, Kartoffeln und Getreide eine Rolle.

240 und 241

Die heute gezüchteten Schafe stammen in direkter Linie von den Tieren ab, die die wikingischen Landnehmer einst auf die Insel brachten. Die Schafzucht bildet einen wichtigen Wirtschaftszweig, man schätzt die Zahl der Tiere auf 452 000. Sie liefern außer Fleisch und Leder qualitativ ausgezeichnete Wolle.

EIN MOSAIK AUS WASSER

FLYING HIGH

FLYING HIGH ISLAND

243
Ein Wasserlauf schlängelt sich kurvenreich durch die grüne Mýrar-Ebene (links). Auf seinem Weg zum Meer bildet der Fluss Hvítá zahlreiche Wasserfälle, von denen Gullfoss (rechts) besonders eindrucksvoll ist.

Es heißt, der Teufel habe kurz nach Erschaffung der Erde aus Neid auf ihre Schönheit versucht, das Feuer der Sonne mit seinem Urin zu löschen. Zwar gelang ihm das nicht, aber die verbliebene Pfütze bildete einen See, der hässlicher und unwirtlicher nicht sein konnte. So erzählt man sich die Entstehung des 37 Quadratkilometer großen Mývatn, der selten mehr als zwei, maximal 4 Meter tief ist und in dem mehr als 40 malerische kleine Inseln liegen. Sagen übertreiben bekanntlich maßlos. Der Mývatn ist jedenfalls eine wahre Perle inmitten einer atemberaubenden Landschaft. Überall stößt man allerdings auf stinkende Tümpel, Solfatare und Krater, sodass sich sofort der Eindruck aufdrängt, hier habe die Welt ihr Innerstes nach außen gekehrt. Dazu trägt auch einer der aktivsten Vulkane der Insel, die Krafla, bei. Sie ist mindestens 29 Mal ausgebrochen. Beim letzten Ausbruch im Jahr 1984 öffnete sich infolge einer Reihe von Erdstößen eine Spalte, aus der noch heute Dampf austritt. Von der bewegten jüngsten Vergangenheit zeugen außer der Krafla auch die Lavafelder von Dimmuborgir, die Pseudokrater von Skútustaðagígar, die Thermalquellen von Grjótagjá, die heißen Schlammtümpel von Hveraröndund die dunkle Silhouette des Vulkans Hverfjall, dessen Rundkrater von einem Kilometer Durchmesser und 140 Meter Tiefe zweifellos zu den größten der Welt gehört. Und dann gibt es noch die belebte Natur. Mývatn bedeutet auf Deutsch Mückensee. Und tatsächlich, kaum nähert sich ein Besucher dem Ufer, ist er schon in eine undurchdringliche Wolke aufgeregter Mücken eingehüllt. Mückenlarven spielen jedoch für den Tierreichtum dieser seit 1974 geschützten Region eine unverzichtbare Rolle. Sie

244
Der längste Fluss Islands Þjórsá wird größtenteils vom Schmelzwasser der Gletscher gespeist.

Ein Mosaik aus Wasser

stellen die primäre Nahrungsquelle für Tausende von Vögeln dar. Mindestens 16 Entenarten finden sich hier zum Brüten ein, darunter solche, die Island bei Ornithologen auf der ganzen Welt bekannt gemacht haben. An erster Stelle ist die auffällig gefärbte Kragenente zu nennen, die ursprünglich aus Amerika stammt. Sie kann man in großen Ansammlungen am Laxá antreffen, einem Abfluss des Mývatn. Auch die isländische Spatelente kann man hier beobachten, die nirgendwo sonst in Europa vorkommt, sowie die Eisente, eine in der Tundra lebende arktische Entenart, die über Island als südlichste Grenze nicht hinauskommt. Außerdem gibt es noch Tafel-, Reiher-, Berg- und Pfeifenten, Zwergsäger, Schnatterenten, Spießenten, Krickenten und sogar Trauerenten.

Mývatn ist zwar der bekannteste, aber keineswegs der größte See Islands. Dieses Prädikat gebührt Þingvallavatn, der mit seinen 83 Quadratkilometer Fläche und 114 Meter Tiefe vor rund 9000 Jahren entstand, als Lavaströme den Abfluss des Wassers versperrten und auf diese Weise ein großes Staubecken schufen. Für Fischer ist der See ein Traum. Allein vier Lachsarten und zahlreiche Forellen tummeln sich in ihm, allerdings ist das Fischvorkommen stark zurückgegangen, seit 1959 am Oberfluss des Sog, dem einzigen Ablauf, Wasserkraftwerke errichtet wurden.

Mývatn und Þingvallavatn sind nur zwei Beispiele von vielen. Ein Mosaik aus größeren und kleineren Gewässern überzieht die ganze Insel. Wasser ist Islands Lebenselixier. Über die Jahrtausende hat es seine Oberfläche geformt. Schmelzende Gletscher und ausgiebige Niederschläge speisen eine Myriade von Flüssen, Wildbächen und Rinnsalen, die wie Silberfäden das dunkle vulkanische Gestein

Ein Mosaik aus Wasser

durchziehen. Die Þjórsá ist mit 230 Kilometern Islands längster Fluss.

Aber der interessanteste Fluss ist Jökulsá á Fjöllum (206 Kilometer), der am Vatnajökull entspringt. Über weite Strecken durchfließt er eine Schlucht, die sich 120 Meter tief und 100 Meter breit in die Landschaft eingeschnitten hat. Ihre Entstehung verdankt die Schlucht zwei Hochwasserkatastrophen, die sich vor 10 000 und vor 3000 Jahren infolge eines Vulkanausbruchs unter der Eiskappe des Vatnajökull ereignet haben. Tonnenweise ergossen sich damals Wasser und Gesteinsschutt in das Flussbett und höhlten es immer weiter aus. Heute steht der eindrucksvolle Flusslauf als Teil des Nationalparks Jökulsárgljúfur unter Naturschutz. Am bemerkenswertesten ist die Schlucht Ásbyrgi, ein über drei Kilometer langes Teilstück, aus dem sich der Fluss längst zurückgezogen hat. Die Wikinger waren überzeugt, dass seine eigentümliche Hufeisenform durch einen Abdruck entstanden war, den Sleipnir, das Schlachtross des Gottes Odin, bei einem Ritt um die Welt hier hinterlassen hat. Auf seinem Weg durchs Gebirge bildet der Fluss Jökulsá á Fjöllum den Wasserfall Dettifoss, der mit einer Fallhöhe von 45 Metern der mächtigste Wasserfall ist, den wir auf unserem Kontinent kennen. Im Sommer rauschen hier zwischen 200 und 500 Kubikmeter Wasser pro Sekunde hinab. Der Dettifoss ist der energiereichste Wasserfall Europas. Nicht weit von hier, im Bezirk Mývatn, stürzt der Fluss Skjálfandafljót über eine Erdkante zwölf Meter in die Tiefe. Wie der Name Goðafoss („Götterwasserfall") verrät, sollen die Wikinger nach der Bekehrung zum Christentum im Jahr 1000 hier ihre heidnischen Götter ins Wasser geworfen haben. Aber der berühmteste Wasserfall der Insel ist zweifellos Gullfoss, der „goldene

FLYING HIGH ISLAND

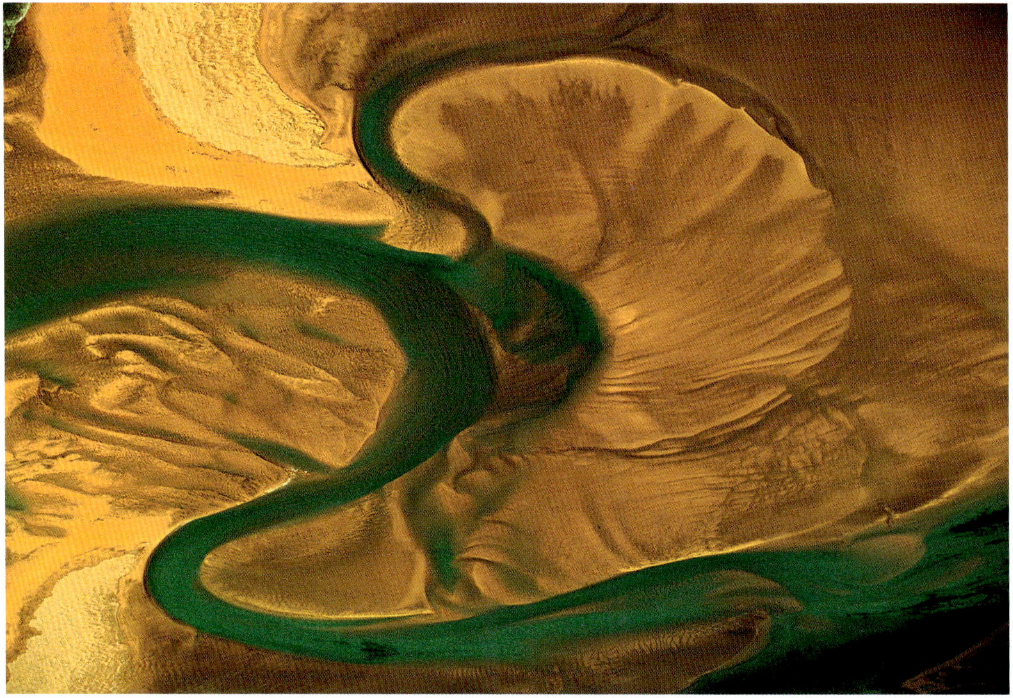

248
Die geometrischen Linien, die das Wasser in den goldgelben Strand Raudasandur zeichnet, scheinen wie von Künstlerhand entworfen.

Wasserfall", an dem sich der Fluss Hvítá im Südosten Islands in eine Schlucht ergießt. Dass wir dieses Naturschauspiel noch bewundern können, verdanken wir dem Mut von Sígriður Tómasdóttir. Die 1871 geborene Bäuerin lebte mit ihren Eltern und der Schwester in Bratþolt auf einem abgeschiedenen Bauernhof. Obwohl sie keine Schule besucht hatte, konnte sie lesen und schreiben, und in ihrer freien Zeit, nachdem sie das Vieh auf die Weide geführt hatte, widmete sie sich dem Zeichnen. Gelegentlich führte sie auch neugierige Wanderer zu dem Wasserfall. Kurz nach 1900 begannen sich einige ausländische Investoren für diesen und andere Wasserfälle zum Zweck der Energiegewinnung zu interessieren. Die Familie weigerte sich, ihr Land zu verkaufen, das zum Stauen des Flusses benötigt worden wäre, aber konnte nicht verhindern, dass neue Pläne erstellt wurden. Gullfoss wurde verkauft. Jetzt begann Sígriður Tómasdóttirs eigentlicher Kampf. Sie lief zu Fuß bis nach Reykjavík, um dort ihren Protest anzumelden, und drohte sogar damit, sich selbst den Wasserfall hinabzustürzen. Sie zog schließlich den Anwalt Sveinn Björnsson hinzu, der sie in ihrem Kampf unterstützte. Trotz aller Bemühungen hatten sie keinen Erfolg, das Gericht bestätigte die Gültigkeit des Verkaufs. Aber inzwischen war es ihnen gelungen, die Öffentlichkeit für dieses kostbare Naturschauspiel zu sensibilisieren. Die Pläne für das Wasserkraftwerk verliefen im Sande und die Genehmigung wurde nach Ablauf der Frist 1928 nicht mehr verlängert. Björnsson wurde Jahre später zum Präsidenten der Republik Island gewählt und übte von 1944 bis 1952 dieses Amt aus. Seit Gullfoss 1958 als Schenkung in Staatsbesitz kam, steht der Wasserfall unter Schutz. Sígriður hat das nicht mehr erlebt, sie war ein Jahr zuvor gestorben.

250 und 251

Das Schmelzwasser der Gletscher sowie ausgiebige Niederschläge speisen die unzähligen Flüsse, Sturzbäche und Rinnsale, die wie Silberfäden das dunkle Gestein nordwestlich des Gletschers Vatnajökull überziehen.

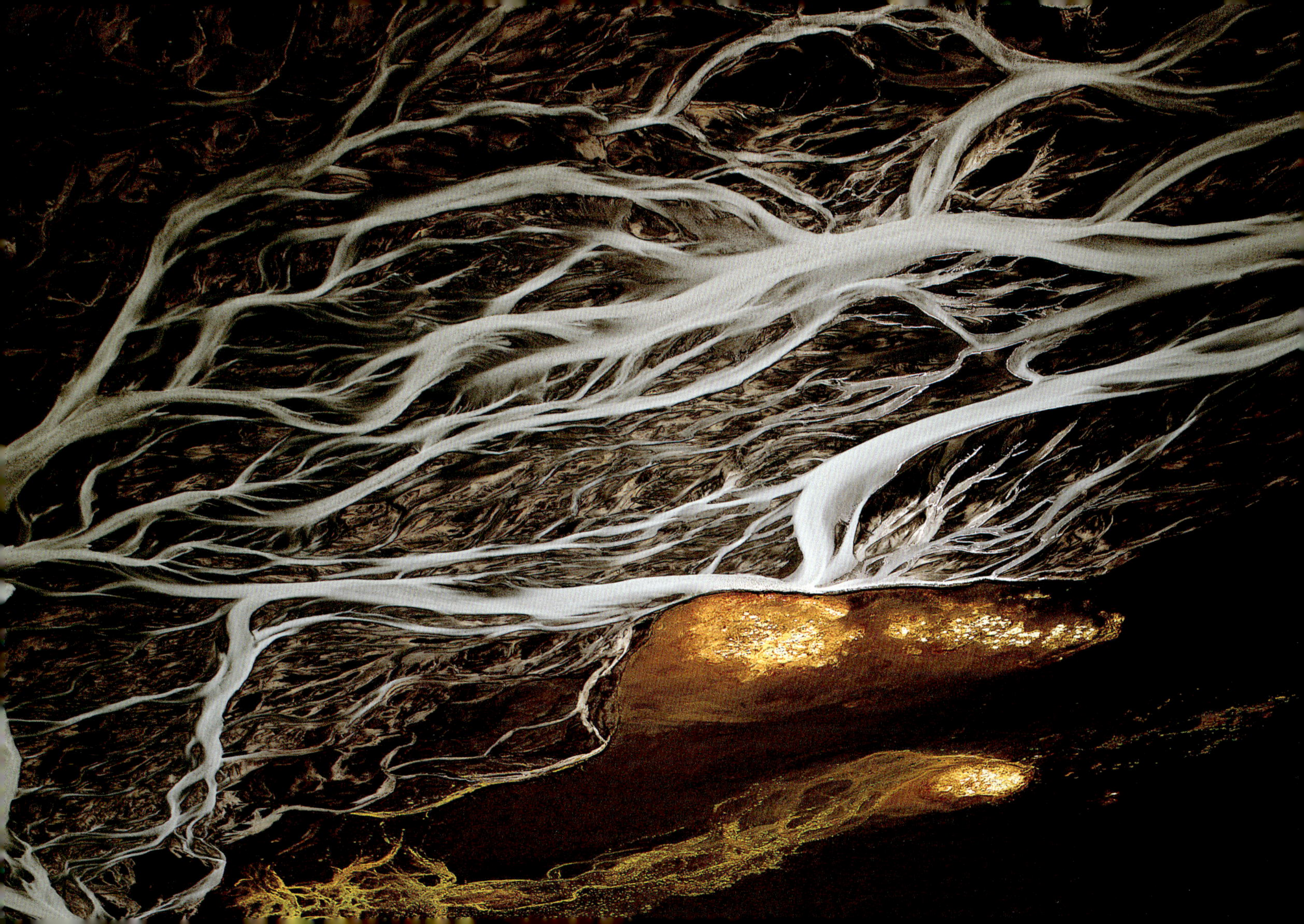

252–253
Die isländischen Flüsse sind weder tief noch lang und deshalb für die Schifffahrt ohne Bedeutung.

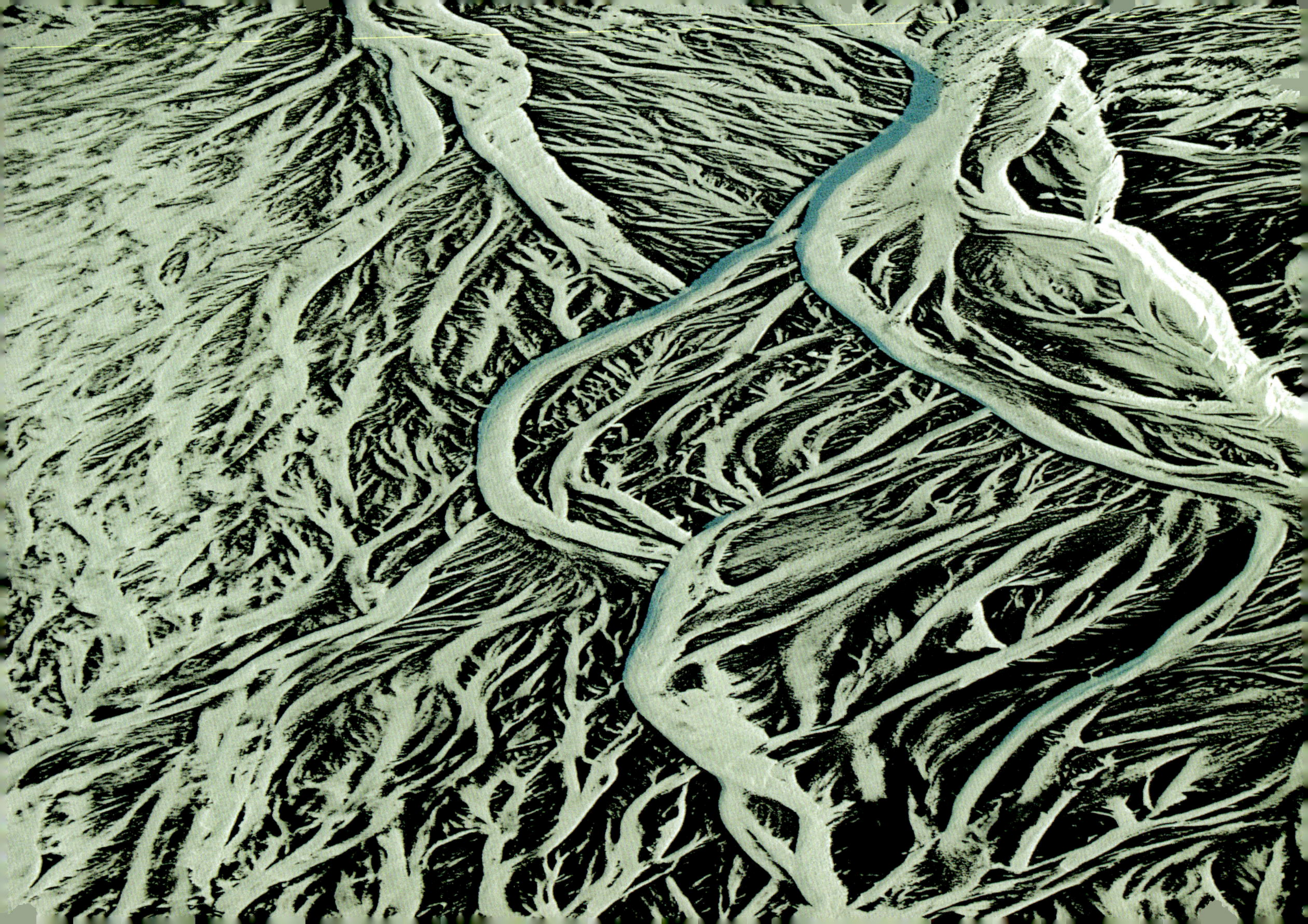

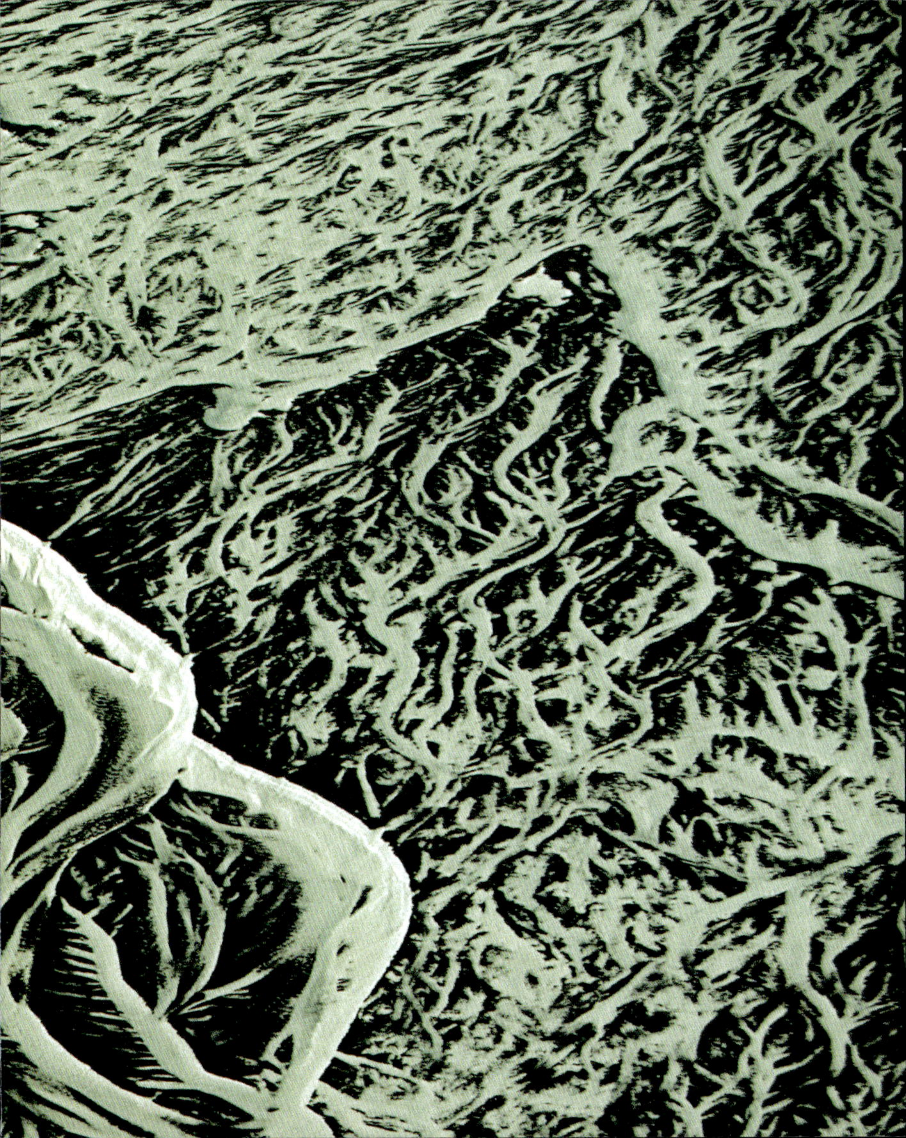

254–255
Viele der Flüsse entspringen an Gletschern, weshalb sie im Sommer mehr Wasser führen als im Winter. Ihre Farbe wechselt je nach Untergrund von weiß-grau bis braun.

256
In der Gegend um den Skagafjörður lassen sich auf reißenden Sturzbächen aufregende Wildwasserfahrten unternehmen.

257
Die meisten isländischen Seen sind recht klein.

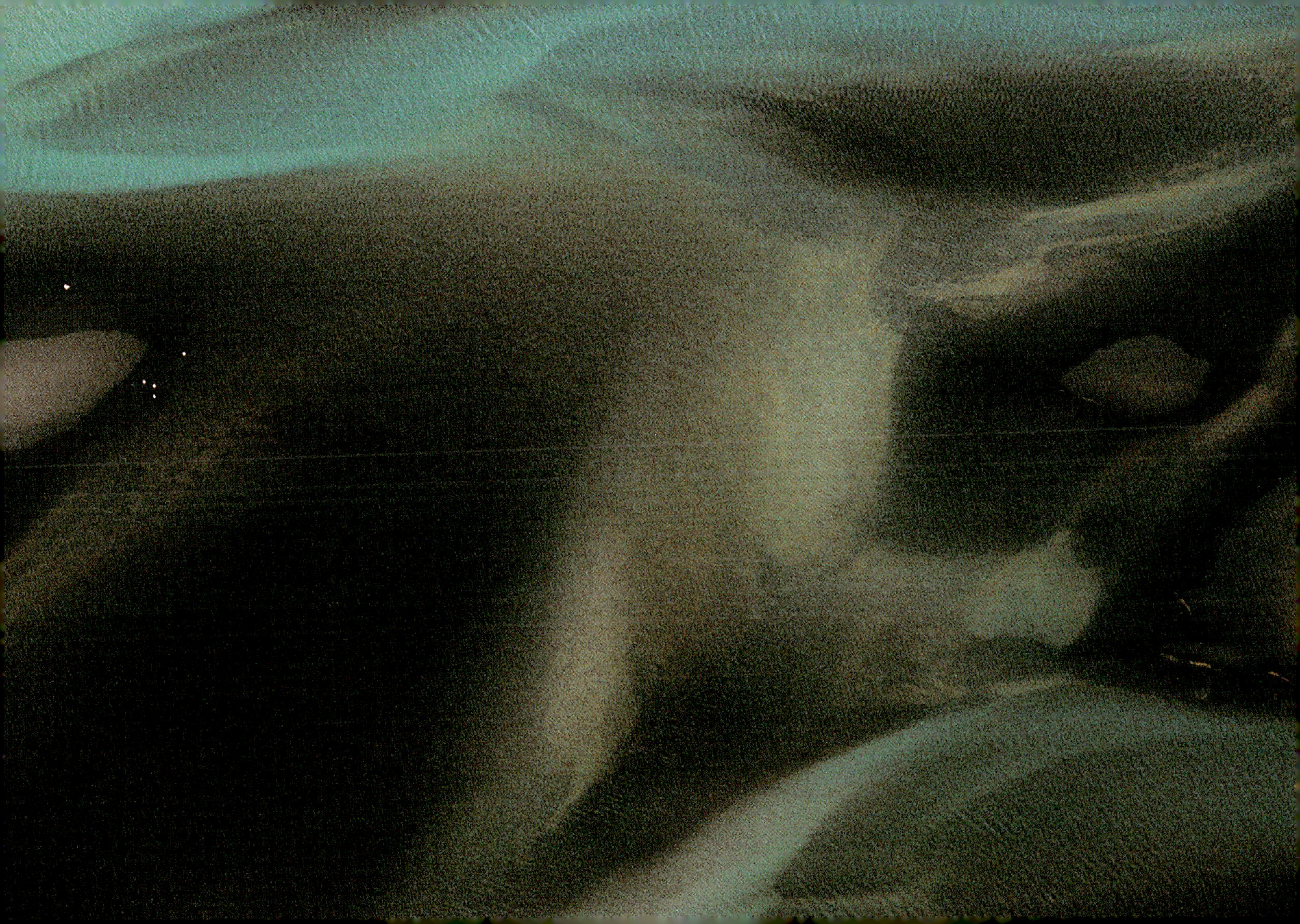

258–259

Die Wasserläufe bieten für die artenreiche isländische Vogelwelt ideale Lebensräume.

260 und 261

Aus dem Zusammenfluss des Eystri- und des Vestari-Jökulsá, wie der Ost- und West-Jökulsá auf Isländisch heißen, entsteht der Héraðsvötn. Sein Delta ist 40 Kilometer lang und 30 Kilometer breit.

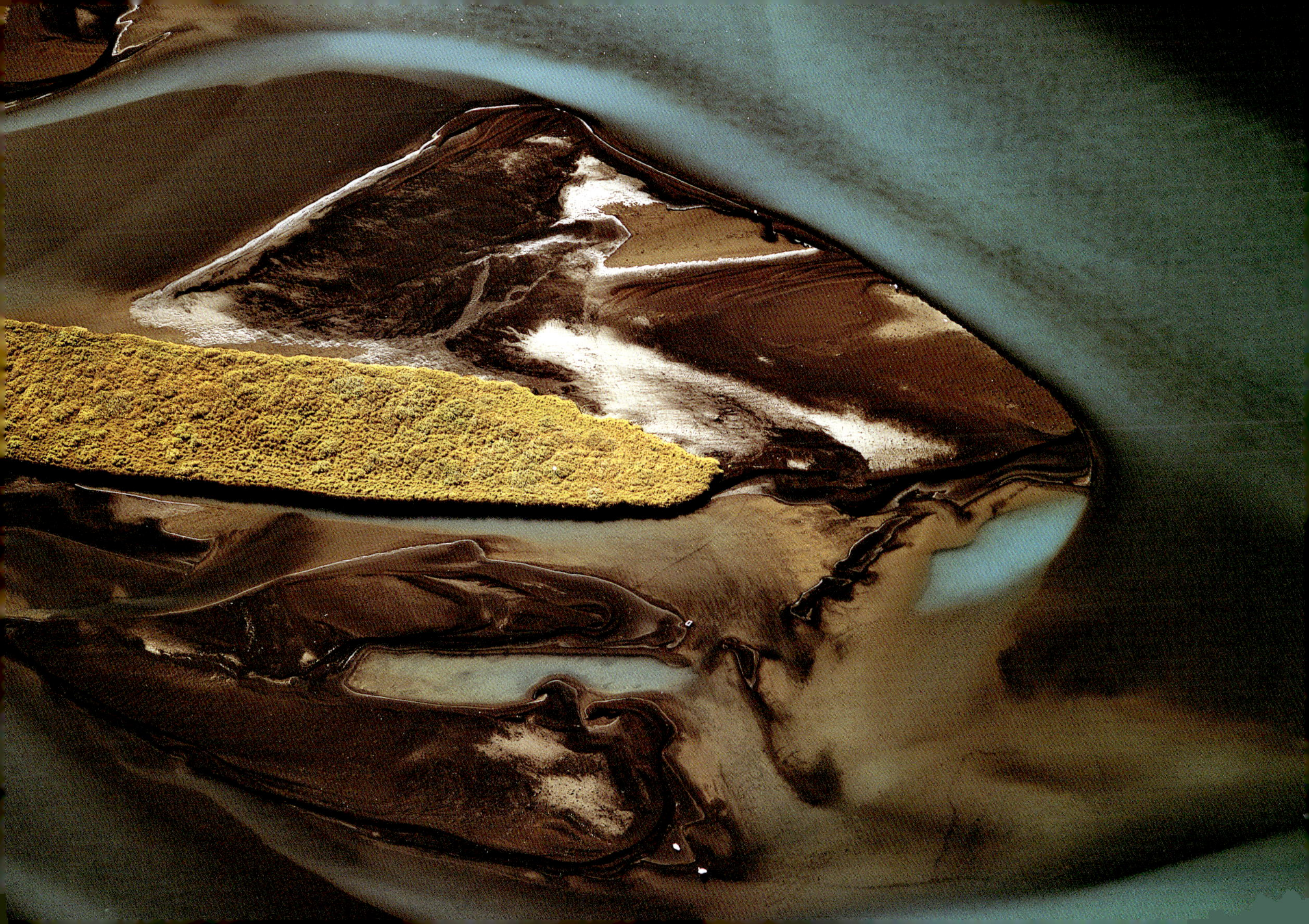

262 und 263
Der Héraðsvötn durchfließt das Skagafjörður-Tal im Norden Islands. Er erreicht eine Länge von 130 Kilometern und führt eine Wassermenge von 100 Kubikmetern pro Sekunde mit sich.

264–265

Im Héraðsvötn leben zahlreiche Forellen und Lachse, für Angler herrschen hier paradiesische Zustände.

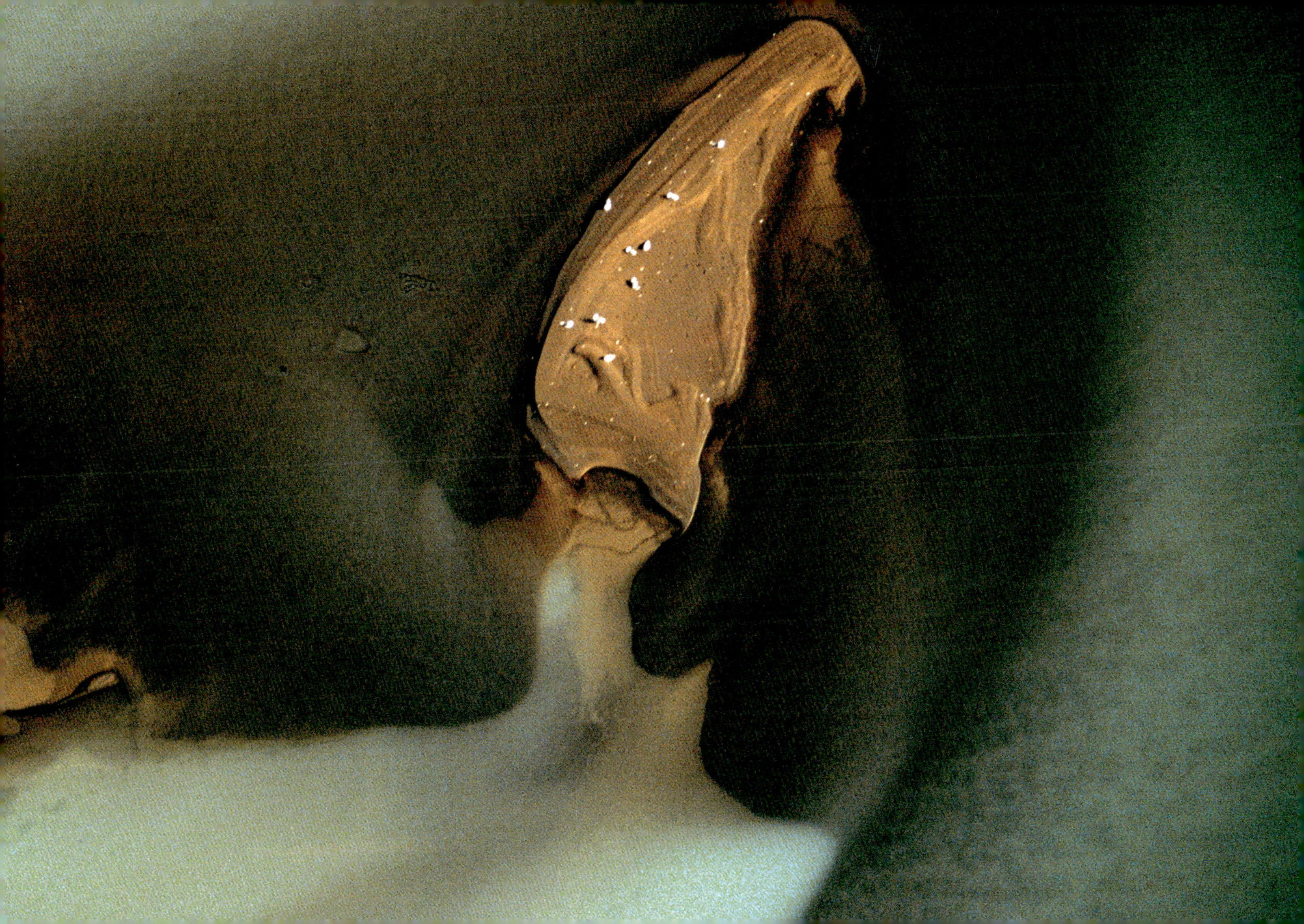

266
Der Héraðsvötn kreuzt auf seinem Weg landwirtschaftlich genutzte Felder und unberührte Landschaften.

267
Über weite Strecken durchfließt der Fluss Jökulsá á Fjöllum eine imposante, 120 Meter tiefe und 100 Meter breite Schlucht.

268 und 269

Für die Entstehung der pittoresken Pseudokrater am Mývatn-See gibt es eine einfache Erklärung. Als sich die Lavaströme ins Wasser ergossen, suchte sich der entstehende Dampf ein Ventil, indem er die Oberfläche der Lava durchbrach und dabei kleine kraterähnliche Löcher hinterließ.

270 und 271

Der Mývatn liegt 50 Kilometer von der Küste entfernt am Rand der nordöstlichen Hochebene Islands. Die Landschaft zeigt die Spuren zahlreicher Vulkan- und Gletscheraktivitäten. Mit einem Wasserspiegel von 37 Quadratmetern ist Mývatn der viertgrößte See der Insel. An seiner tiefsten Stelle misst er nur 4 Meter. Sein Name bedeutet auf Deutsch „Mückensee".

272 und 273

Im Winter friert der Mývatn-See zu und taut erst im Frühjahr beim Eintreffen der Tausenden von Enten wieder auf. Kaum eine andere Gegend auf Island kann sich mit dem hier vorhandenen Vogelreichtum messen.

274 und 275

Einige Flüsse Islands hat das Schmelzwasser der Gletscher hervorgebracht. Sie schieben Geröll vor sich her und bilden auf ihren unregelmäßigen Bahnen unzählige Nebenflüsse, die wieder anderen Flüssen zufließen. Weder Straßen noch Brücken können an ihren Ufern gebaut werden, denn diese würden, wenn im Sommer der Wasserpegel steigt, dem hohen Druck nicht standhalten. Andere Flüsse haben sich ihr Flussbett in uralte Basaltböden gegraben und wieder andere durchfließen Lavagebiete. Da die Wassermenge von Letzteren kaum schwankt, sind sie für die hydroelektrische Energiegewinnung am besten geeignet.

276

Der Grænavatn, dessen Name auf Deutsch „Grüner See" bedeutet, liegt auf halbem Weg zwischen Hafnarfjörður und Krýsuvík. Der gut zehn Quadratkilometer große See ist für seine Forellen berühmt.

277

Das Morsárdalur-Tal gehört zum Nationalpark Skaftafell. Einst soll ein Mann in diesem Gebiet einer Trollfrau und ihrem Kind beim Überqueren eines Flusses behilflich gewesen sein. Aus Dankbarkeit erschreckte sie niemanden mehr, der den Namen ihres Retters zu nennen wusste.

278 und 279

Der Fluss Skaftá wird sowohl von Quellen als auch vom Schmelzwasser des gleichnamigen Gletschers gespeist. Deshalb steigt sein Wasserstand im Sommer erheblich. Auch die Flüsse Ófœra, Grjótá und Hellisá fließen ihm zu. Beim Laki-Vulkanausbruch im Jahr 1783 liefen die Schluchten des Flussbettes mit Lava voll.

280 und 281
Der Süden Islands ist reich an Flüssen. Dort befinden sich außer der Þjórsá die Flüsse Ölfusá, Markarfljót, Jökulsá und Skaftá.

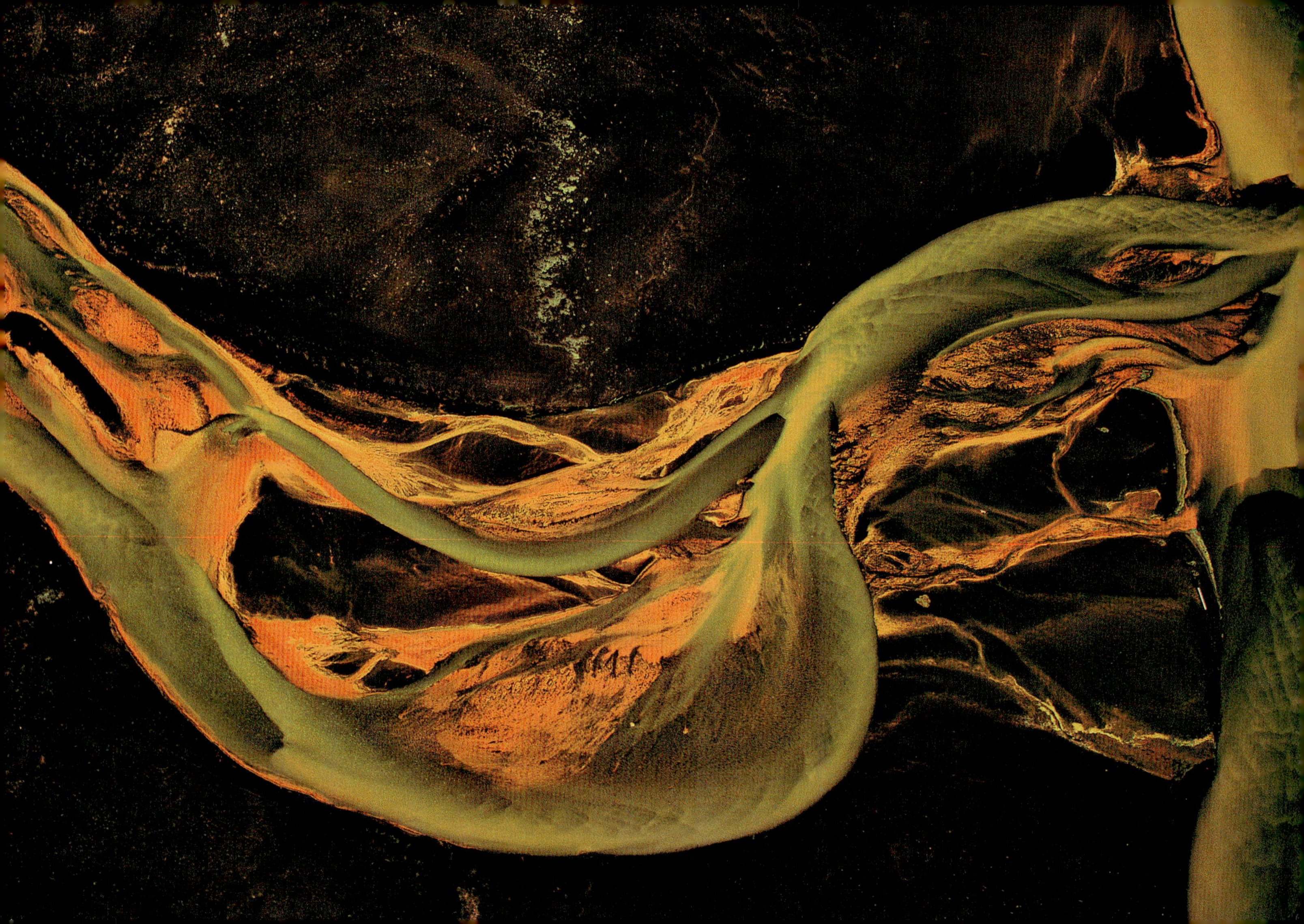

282

Das Bett dieses in Südisland gelegenen Flusses zeigt einen hohen Gehalt stark oxidierten Eisens. Das Gestein wird durch das fließende Wasser einem ständigen Korrosionsprozess ausgesetzt. Das mitgeführte Schwemmgut lagert sich im Tal ab.

284

Die riesige Schwemmlandebene Skeiðarársandur wird von zahlreichen Wasserläufen durchzogen, die aus dem Skeiðarárjökull, einer Eiszunge des Gletschers Vatnajökull, entspringen. Der Gletscher beherrscht mit seiner imposanten Gestalt die umliegende Ebene.

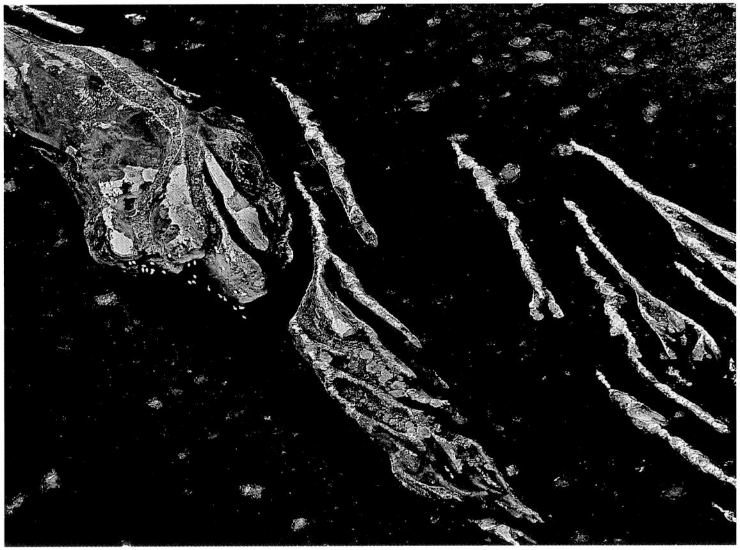

286
Þingvallavatn, der größte See Islands, liegt im Nationalpark Þingvellir. Der 83 Quadratmeter große und 114 Meter tiefe See bietet im Winter, wenn er zu großen Teilen zugefroren ist, ein besonders reizvolles Bild.

287
Die auf dem Foto sichtbaren kleinen weißen Punkte sind in Wirklichkeit Wildschwäne. Wenn sie zu Beginn der Brutzeit in Island eintreffen, sind die Flüsse und Seen oft noch zugefroren.

288 und 289

Das milchige Wasser der Þjórsá glänzt stellenweise wie Seide. Der Fluss entspringt dem Gletscher Hofsjökull und führt auf seinem Weg ins Tal große Mengen an Sedimenten mit, etwa 4,5 Millionen Tonnen pro Jahr.

290 und 291

Der Wasserstand der Þjórsá ist weitgehend konstant. Nur im Frühjahr ist aufgrund der Schneeschmelze eine leichte Zunahme der Wassermenge (380 Kubikmeter pro Sekunde) zu beobachten. Das Wassereinzugsgebiet umfasst eine Fläche von gut 7530 Quadratkilometern.

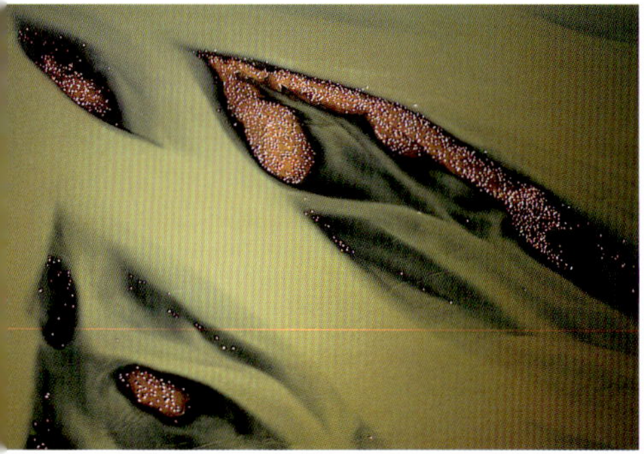

292–293

An den Ufern des Þjórsá sind unzählige Vögel beheimatet, die hier ideale Lebens- und Brutbedingungen finden.

294

Zu den Vogelarten, die sich am Þjórsá niederlassen, gehören Schwäne und Wildgänse, die stets in großen Schwärmen auftreten.

295

Der Þjórsá verfügt über ein außergewöhnliches Ökosystem. Auf der linken Flussseite erstreckt sich südlich vom Hofsjökull das Feuchtgebiet Þjórsárver, das wegen seiner vielen Wasservögel durch die Ramsar-Konvention geschützt ist.

296 und 297

Den wichtigsten Zufluss zur Þjórsá stellt die Tungnaá dar, die zur Erzeugung hydroelektrischer Energie genutzt wird. Allein an ihren Ufern wurden vier Wasserkraftwerke errichtet, nämlich Vatnsfell, Sigalda, Hrauneyjafoss und Sultartangi.

298–299
Der Tungnaá fließen die Bäche zu, die an der Westseite des Gletschers Vatnajökull entspringen. Auf ihrem Weg ins Tal nimmt die Tungnaá noch weitere größere und kleinere Zuflüsse wie den Fluss Kaldakvísl auf.

300 und 301

Das Tungnaá-Tal zeichnet sich durch die vielen Seen aus, die einzelne Abschnitte des Flusses verbinden. Sie wurden als Wasserreservoire für die Kraftwerke künstlich angelegt.

302
Die Tungnaá und einige ihrer Zuflüsse gelten als die fischreichsten Wasserläufe der Insel.

303
Die Schmelzbäche führen dem Hvítárvatn, der am Fuß des Gletschers Langjökull im zentralen Hochland liegt, Wasser zu. Der See hat eine Fläche von 30 Quadratkilometern und eine maximale Tiefe von 84 Metern.

304

Wenn es im Sommer auf dem Gletscher Vatnajökull zu tauen beginnt, steigt der Wasserstand des Jökulsá á Fjöllum durch die zufließenden Schmelzbäche beträchtlich.

306–307

Eines der Probleme, mit denen Island zu kämpfen hat, ist die fortschreitende Bodenerosion durch den Wind. Sie ist der Grund, dass immer mehr Vegetation abgetragen wird und unwiederbringlich verloren geht. Einst waren 30 Prozent der Insel mit Wald bedeckt. Von dem Kahlschlag, den die Siedler schon vor Jahrhunderten betrieben, um mit dem Holz Häuser und Schiffe zu bauen oder Feuer zu machen, haben sich die Wälder nie mehr erholt.

308 und 309
In der Nähe des Gletschers Vatnajökull liegt inmitten der Bergkette Frogufjöll der See Langisjór. Seine Fläche umfasst etwa 26 Quadratkilometer und die größte Tiefe liegt bei 75 Metern.

LAND AUS EIS UND FEUER

FLYING HIGH

FLYING HIGH ISLAND

311
Mælifell (links) entstand infolge einer der jüngsten Ausbrüche, die sich unter dem Gletscher Mýrdalsjökull ereignet haben. Hafursey (rechts) ist ein grüner, 582 Meter hoher Hügel.

Eine große Rauchfahne stieg aus dem Meer auf. Sie wurde von einer Wache des Fischkutters „Ísleifur II", der die Westmännerinseln umschiffte, gesichtet. Es war sieben Uhr morgens, der 14. November 1963. Überzeugt, dass ein Schiff in Seenot geraten war, näherte man sich dem vermeintlichen Unglücksort. Aber was dort vor sich ging, überstieg jede Vorstellungskraft. Weit und breit war kein Schiff in Sicht. Auf dem Meeresgrund, in 130 Meter Tiefe, hatte ein Vulkan begonnen, Magma auszuspeien. Von Todesängsten gepackt, machte sich die „Ísleifur" so schnell es ging davon. Und sie taten gut daran, denn schon einige Stunden später erfasste die Säule aus Rauch und Schutt einen Umkreis von drei Kilometern, der innerhalb weniger Tage bis 15 Kilometer anwuchs. Die Säule war so hoch, dass man sie im 100 Kilometer entfernten Reykjavík sehen konnte. Ein paar Wochen später stieg aus dem Abgrund eine Insel empor, die nach wenigen Wochen schon auf zweieinhalb Kilometer Länge und 150 Meter Höhe angewachsen war. Surtsey war geboren. Nackt und bloß wie sie war, ohne jedes Leben, wurde sie zu einem begehrten Forschungsobjekt. Sie bot die einmalige Gelegenheit, Aufschlüsse darüber zu gewinnen, wie sich auf einem unberührten Stück Land Leben ansiedelt. Wenn man von Pilzen und Schwämmen absieht, deren Sporen durch den Wind transportiert werden, war der erste, der von der Insel Besitz ergriff, ein Eissturmvogel, der 1970 begann, sich an einer Klippe ein Nest zu bauen.

Island kann sich eines wenig beneidenswerten Rekords rühmen. Etwa 30 Vukane sind aktiv. Elf von ihnen sind im letzten Jahrhundert zumindest einmal ausgebrochen. Der Grund ist einfach. Die Insel sitzt

312
Der 1682 Meter hohe Berg Herðubreið liegt im Nordosten Islands. Er thront inmitten der Lavawüste Ódáðahraun, die der Ausbruch des Vulkans Trölladyngja hinterlassen hat.

Land aus Eis und Feuer

auf dem Mittelatlantischen Rücken und wird in der Mitte vom Grabenbruch durchzogen, der die Stelle markiert, wo die Nordamerikanische und die Europäische Platte auseinanderdriften. Normalerweise liegt der Grabenbruch tief unten auf dem Meeresboden, wo aus den Rissen in der Erdkruste, die von der Dehnung verursacht werden, unablässig flüssiges Magma aufsteigt, das nicht nur den Boden des Ozeans immer neu formt, sondern zugleich die Kontinente immer weiter auseinanderschiebt. In der Þingvellir-Ebene ist ein Teil dieses Grabens an die Oberfläche getreten und zeigt sich als ein vier Kilometer breiter, 26 Kilometer langer und 40 Meter tiefer Riss. Anlässlich des 60. Jahrestags der Unabhängigkeit Islands hat die UNESCO 2004 Þingvellir in die Liste des Weltkulturerbes aufgenommen. Die wichtigsten aktiven Vulkane sind neben Askja und Katla, die beide in unmittelbarer Nähe der Hauptstadt liegen, die Vulkane Reykjanes, Eyjafjallajökull, Krafla und Hekla, der die stolze Höhe von 1491 Metern erreicht. Wie sein Name sagt, ist der Vulkan Hekla „mit einer Haube bedeckt", seine Kuppe liegt fast ständig unter Schnee und Eis. Seit dem Jahr 1104, als die Wikinger zusehen mussten, wie er explosionsartig ausbrach und ihre Höfe sowie alles, was sich in einem Umkreis von 50 Kilometern befand, zerstörte, wurden mehr als 20 weitere Eruptionen gemessen. Auch in jüngster Zeit hat sich der Vulkan zurückgemeldet. Im Februar 2000 erhob sich über der Hekla eine 15 Meter hohe Rauchsäule und auf einer Seite öffnete sich über eine Länge von sieben Kilometern ein Spalt, aus dem Lava austrat. Ein glühender Fluss von mehreren Kilometern Länge schob sich einen Meter pro Minute vorwärts. Nach allem, was geschehen war, kann man es den Wikingern nicht verdenken, dass ihnen die Hekla als das Tor zur Hölle galt. Die verheerendste Katastrophe war jedoch der Ausbruch der wie auf einer Perlenschnur aufgereihten 22 Laki-Krater im Jahr 1783. Er riss 9000 Menschen in den Tod und vernichtete fast das gesamte Vieh, sodass infolge der daraufhin eintretenden Hungersnot die Opferzahl noch weiter stieg. Von der gewaltigen zerstörerischen Kraft zeugt noch

Land aus Eis und Feuer

heute der mächtige Lavastrom Elðraun. Er ergoss sich über eine Fläche von 565 Quadratkilometer und zwölf Meter Tiefe und gilt als der drittgrößte Lavastrom überhaupt seit der letzten Eiszeit. Aber die Isländer haben offensichtlich gelernt, mit diesen Naturkatastrophen zu leben. In der Nacht vom 23. Januar 1973 begann eine monatelang anhaltende Ausbruchserie auf der den Vestmannaeyjar zugehörigen Insel Heimaey. In der Gegend von Kirkjubær öffnete sich ein Schlund und begann ohne jede Vorankündigung Magma auszuspucken. Die gesamte Bevölkerung von mehr als 5000 Menschen wurde sofort evakuiert. Hunderte von Häusern gingen in Flammen auf oder wurden unter der Asche begraben, aber der Rest der Stadt und der kleine Hafen wurden gerettet, indem man gewaltige Mengen Seewasser auf die Lava lenkte und sie dadurch abkühlte. Der Hauptlavastrom ergoss sich ins Meer und verschob auf diese Weise die Küstenlinie um zwei Quadratkilometer. Kaum hatte sich der Vulkan beruhigt, drängten alle Bewohner wieder auf ihre von Wind und Wellen gebeutelte Klippe zurück.

Auch der französische Schriftsteller Jules Verne war der Faszination der Vulkane erlegen. Er setzte Snæfellsjökull ein Denkmal. Im Krater dieses im Westen der Insel, 10 Kilometer von dem Städtchen Ólafsvík entfernt gelegenen Vulkans ließ er in dem Roman „Reise zum Mittelpunkt der Erde" Professor Lidenbrock und seinen Neffen eine Einstiegsmöglichkeit in das Innere des Planeten finden, aus dem sie erst in Stromboli, in Italien, wieder auftauchen sollten. Heute ist der Krater mit Eis gefüllt und hat schon seit 1000 Jahren kein Lebenszeichen mehr von sich gegeben. Es gibt kaum eine unheilvollere Verbindung als die zwischen Vulkan und Gletscher, die Auswirkungen bei einem Ausbruch sind verheerend. Lavaströme gehen mit entsetzlichen Gletscherläufen einher. Der Vulkan Katla hat das des Öfteren gezeigt. Er schlummert unter dem Mýrdalsjökull, dem viertgrößten Gletscher Islands, und erwacht alle 40 bis 60 Jahre. Dann lässt er tonnenweise Wasser, Sand und Geröll auf die umliegende Ebene prasseln. Im Jahr 1918 hielt dieses Spektakel mehr als 20 Tage an, womit der

316
Der Gletscher Morsárjökull liegt im Skaftafell, dem größten isländischen Nationalpark.

Vulkan seinem Ruf treu blieb, einer der mächtigsten der Welt zu sein. Wissenschaftler halten es für möglich, dass er jederzeit erneut ausbricht. Grímsvötn war so ein Fall. Der vulkanische Krater wurde 1996 unter dem Vatnajökull aktiv und löste ein Inferno aus. Unbemerkt hatte sich in einer Senke Wasser zu einem See gesammelt, der, als er nach zwei Wochen überlief, alles mitriss, was sich ihm in den Weg stellte, einschließlich der Ringstraße und einer Brücke. Ein apokalyptischer Fluss aus Schlamm und Wasser verschob riesige Eisberge und dichte Wolken aus Gas und Asche vernebelten die Atmosphäre. Wissenschaftler, die dieses Gebiet schon seit Längerem beobachtet hatten, hatten die Gefahr rechtzeitig erkannt. Der Sander, die umliegende wüstenähnliche Ebene aus Schlick, Kies, Geröll und Asche, war unbewohnt, die Ringstraße wurde vorsichtshalber geschlossen. Auch deshalb fiel niemand der Flut zum Opfer. Der Grímsvötn ist nur einer von sieben aktiven Vulkanen, die unter dem Vatnajökull schlummern. Dessen Eiskappe bedeckt mehr als 8000 Quadratkilometer, also eine Fläche, in die das Saarland locker dreimal hineinpassen würde, bei einer durchschnittlichen Dicke von 500 Metern, die stellenweise sogar 1000 Meter erreicht. Es ist ein Dampftopf, der unter gewaltigem Druck steht und jederzeit explodieren kann. Insgesamt elf Prozent der Fläche Islands sind vom ewigen Eis bedeckt. Ein solches Szenarium gibt in jeder Beziehung Anlass zum Frösteln, aber übt auch eine enorme Faszination aus, besonders an den Ausläufern der Gletscherzunge Breiðamerkurjökull, wo um den Jökulsárlón-See eine der schönsten Landschaften der Insel entstanden ist. Hier hat Schmelzwasser ein großes, 200 Meter tiefes Becken geformt, das über einen direkten Abfluss in den Ozean verfügt. Mit den Eisbergen, die sich von der Gletscherzunge lösen und langsam, von eisigen Winden getrieben, zum Meer trudeln, bietet es das Bild einer arktischen Landschaft wie aus dem Bilderbuch. Schönheit und Fluch liegen auf Island so dicht beieinander wie nirgendwo sonst auf der Welt.

318
Die Bergkette Dyngjufjöll entstand infolge einer Serie subglazialer Vulkanausbrüche.

319
Angesichts der steilen und schroffen Wände verwundert es nicht, dass die Erstbesteigung des Bergs Herðubreið erst im Jahr 1908 gelang.

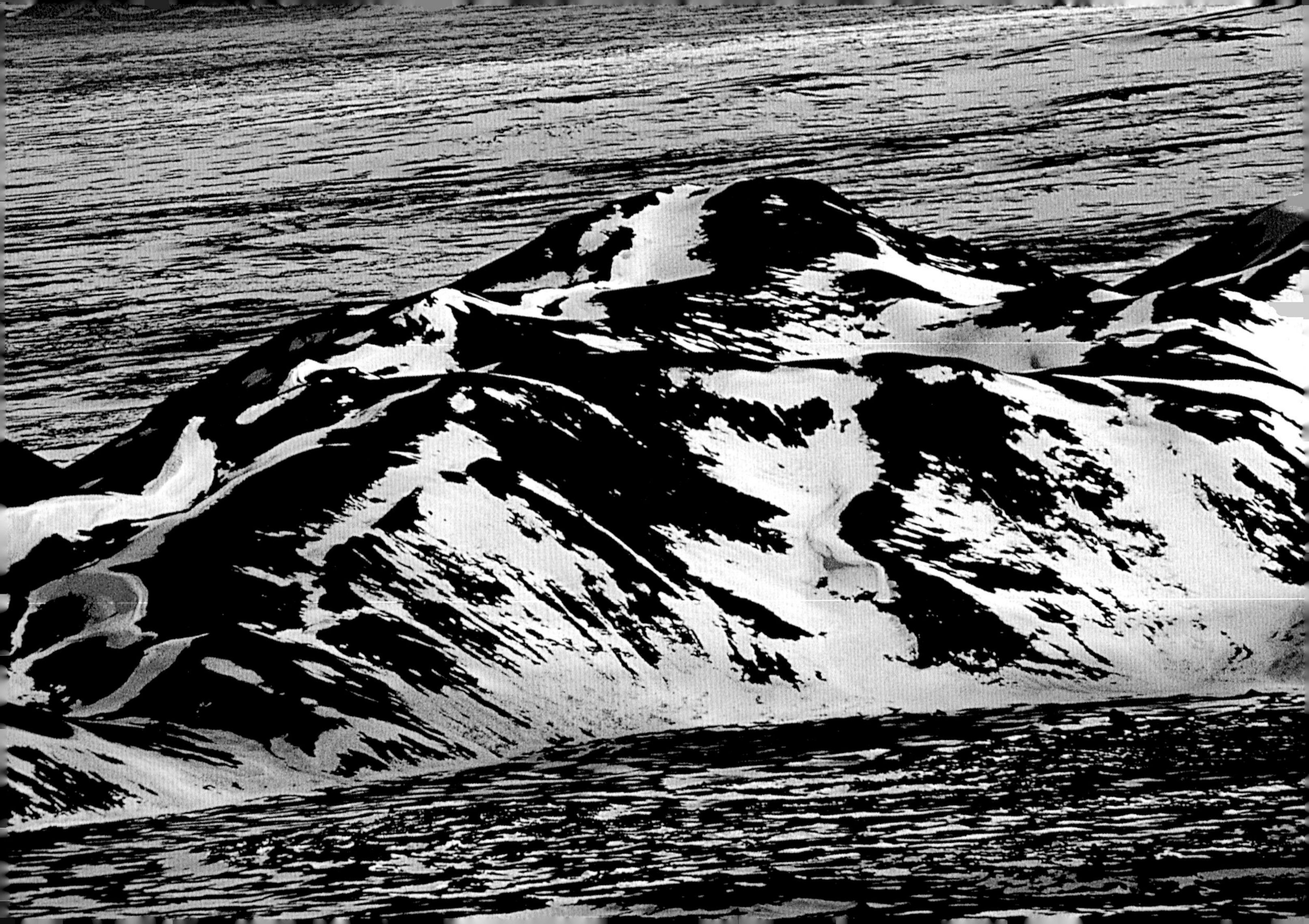

320–321
Im Lauf der Jahrhunderte haben sich die isländischen Gletscher stetig zurückgebildet.

323
Obwohl die Gegend um den Jökulgil im Naturschutzgebiet Landmannalaugar bei Trekkern sehr beliebt ist, erliegt man hier leicht dem Gefühl, sich in die wildeste Natur begeben zu haben und mit sich und der Welt allein zu sein.

324–325
Die Schlucht Jökulgil erstreckt sich über ungefähr 30 Kilometer Länge. Auf allen Seiten ragen felsige Gipfel empor, zu deren Füßen der Jökulgilskvísl fließt.

326 und 327

Die in vielen Farben erstrahlenden Berge in der Gegend des Jökulgil bestehen aus Ryolith, einem Ergussgestein, das in gehärtetem Zustand eine graue, gelbe oder rötliche Tönung annimmt.

328
Die Schlucht von Jökulgil liegt im Landmannalaugar, einem der größten Geothermalgebiete Islands. Es ist reich an heißen Quellen, steilen Gipfeln, Lavafeldern und Gebirgsseen, deren Blau an Intensität nicht zu übertreffen ist.

330 und 331

Von den Lakagígar-Kratern ging eine der größten Katastrophen Islands aus. Im Jahr 1783 ereignete sich ein Vulkanausbruch, der Tausenden von Menschen sowie einem Großteil des Viehs den Tod brachte. Damals entstand der Elðraun, ein Lavafeld von 500 Quadratkilometern Größe. Der Ausbruch gilt als der schlimmste, den Island je erlebt hat.

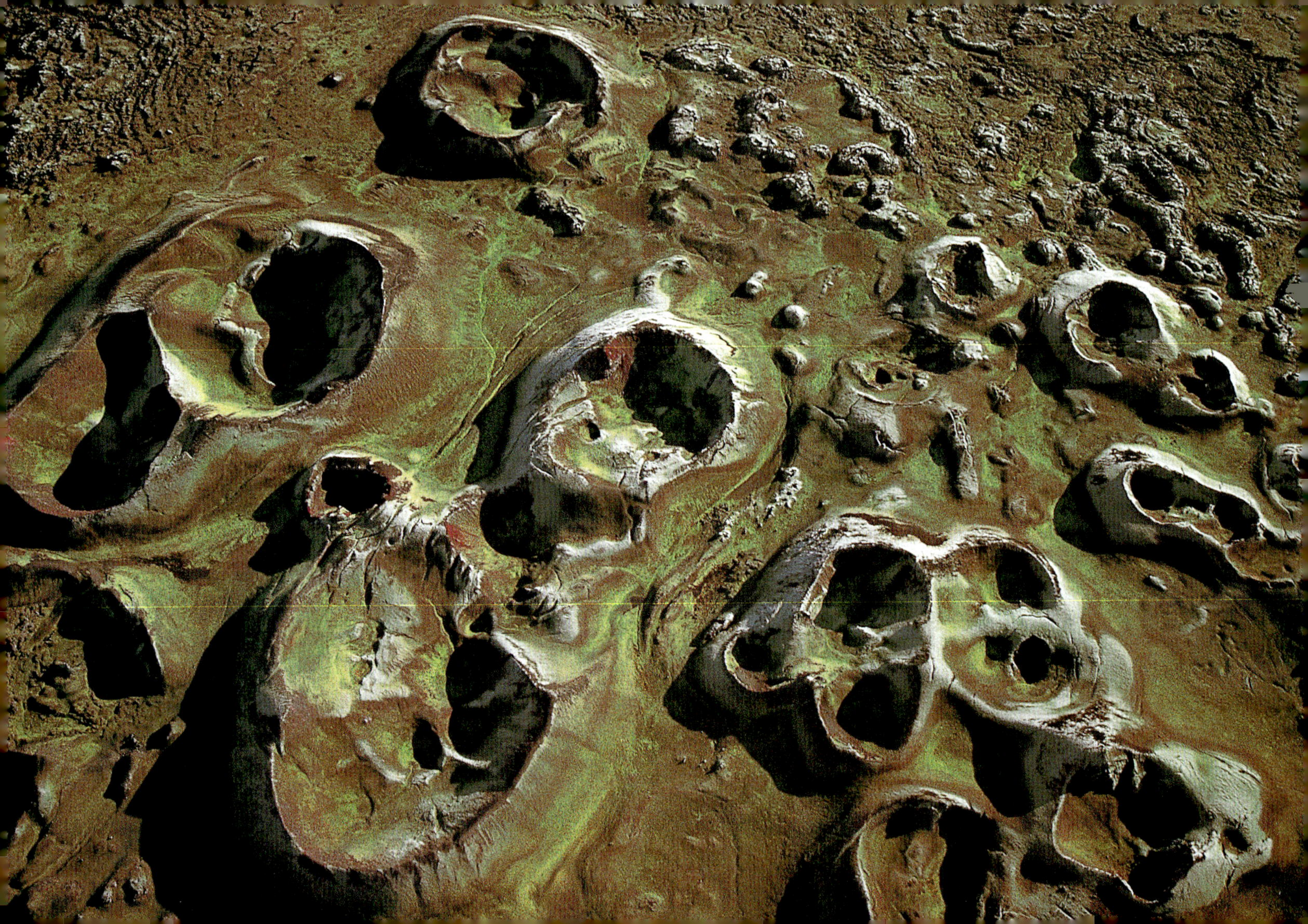

332 und 333
Der Lakagígar ist ein linearer Vulkan mit 22 Öffnungen. Sein Name bedeutet auf Deutsch „Reihe der Lakagígar-Krater". Man schätzt, dass sich insgesamt rund 130 Krater auf einer Strecke von etwa 25 Kilometern aneinanderreihen.

334 und 335

Die Laki-Krater liegen westlich des Gletschers Vatnajökull. Diese Gegend ist dem Wüten der Natur besonders ausgesetzt. Von Islands 200 Vulkanen, die nach der letzten Eiszeit entstanden sind, sind 30 in den letzten 1100 Jahren ausgebrochen. Auch viele Geothermalgebiete befinden sich auf Island, die 15 wichtigsten liegen ausnahmslos auf dem Mittelatlantischen Rücken.

336 und 337

Der Ausbruch der Laki-Krater im Jahr 1783 dauerte 10 Monate. Aus den Spalten traten über 30 Milliarden Tonnen Lava. Mittlerweile überzieht ein weicher Moosteppich seine Wunden, denn der Vulkan hat sich seitdem nicht mehr gerührt.

338
Ein Sandsturm fegt über Veiðivötn in Südisland hinweg. In dem Gebiet gibt es rund 50 große und kleine Seen.

339
Einige der schönsten Seen von Veiðivötn sind in Kratern entstanden.

341
Veiðivötn überzieht ein Mosaik aus verschiedenen Wasserspiegeln, das sich über ein Gebiet von ungefähr 20 Kilometern Länge und 5 Kilometern Breite erstreckt. Für den Forellenfang herrschen hier paradiesische Verhältnisse.

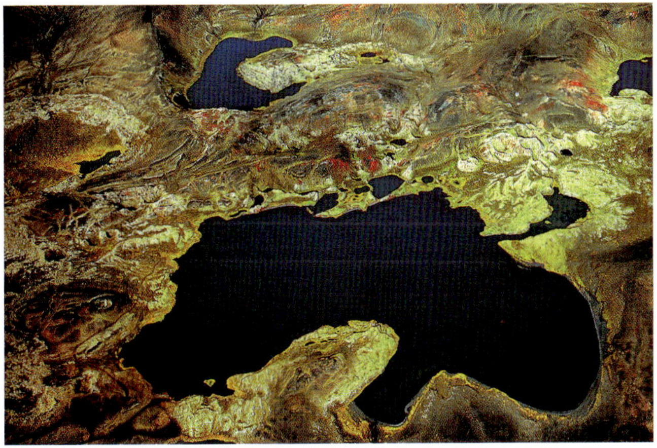

342 und 343
Die Gegend von Veiðivötn ist recht jung. Im Jahr 1477 ereignete sich hier ein heftiger Vulkanausbruch, der als der viertgrößte Islands seit seiner Besiedlung gilt. Einige der Explosionskrater haben sich inzwischen mit Wasser gefüllt.

344
Die Landschaften Islands zeigen sich mal karstig und unfruchtbar, mal erhaben und voll ursprünglicher Schönheit. Hier haben die Mächte der Natur – Eis, Feuer und Wasser – das alleinige Sagen.

346
Aus dem Öxnadalur-Tal ragt der Hraundrangi mit seinen 1075 Metern hervor. Bei den wikingischen Landnehmern hielt sich das Gerücht, auf seinem Gipfel wäre Gold verborgen. 1956 wurde er erstmals erklommen.

347
Der Vulkan Hverfjall entstand vor 2500 Jahren. Mit einem Durchmesser von einem Kilometer und einer Kratertiefe von 140 Metern gehört er zu den größten Rundkratern der Welt.

348

In dem Vulkangebiet der Krafla steht ein Kraftwerk, das dank unterirdischer heißer Quellen mit geothermischer Energie betrieben wird.

349

Der Berg Tindastóll liegt beim Skagafjörður. Er ist ein beliebtes Ziel für Skiläufer, aber auch für Ausflügler, die den fantastischen Blick genießen möchten, der sich von hier auf den Fjord und die Hochebene bis zu den Gletschern bietet.

351

Im Skagafjörður reichen die schneebedeckten Berge bis zur Küste hinunter. Der Fjord ist ein geschichtsträchtiger Ort und wird auch in den Sagen und Legenden sehr häufig erwähnt. Hier hat der Mensch der Natur jedes nutzbare Stück Land entrissen. Nicht umsonst spielt die Landwirtschaft bis heute eine wichtige Rolle.

352–353
Die herbstlichen Farben mildern die raue und karge Natur des Breiðdalsheiði-Passes. Bald wird der erste Schnee fallen, und dann werden die wilden Rentiere wieder die alleinige Herrschaft über dieses Gebiet übernehmen. Die ersten Rentiere wurden um 1700 auf die Insel gebracht und leben dort in freier Wildbahn.

355

Seit die ersten Wikinger ihren Fuß auf diese Insel gesetzt haben, hat der Vatnajökull die Bedingungen für ihr Überleben und ihren sozialen Zusammenhalt bestimmt. Eine seiner mächtigen Eiszungen reicht bis kurz vor das Städtchen Höfn.

356 und 357

Der 642 Meter hohe Berg Mælifell besteht aus Asche und erhärteter Lava, die sich infolge eines subglazialen Vulkanausbruchs aufgeschichtet haben. Über seine Hänge zieht sich ein weicher Moosteppich.

358 und 359

Der Mýrdalsjökull ist mit einer Ausdehnung von 590 Quadratkilometern der viertgrößte Gletscher Islands. An seinem höchsten Punkt misst er 1493 Meter. Seine Eiskappe liegt über der Katla, einem der mächtigsten und gefährlichsten Vulkane der Welt.

360 und 361

Die weitläufige Ebene aus Lavasand Mælifellssandur ist nach dem Berg Mælifell benannt. Man kann das nur als Wüste bezeichnen, was das Geröll des Gletschers Mýrdalsjökull und die vulkanischen Ausbrüche hier hinterlassen haben.

362 und 363

Moosteppiche von einem beinahe fluoreszierenden Grün, gelegentlich unterbrochen vom strahlenden Blau eines Sees, legen sich über weite Gebiete des Mælifellssandur, einer Hochebene, die stellenweise eine Höhe von 600 Metern über dem Meeresspiegel erreicht. Während der Eisschmelze stehen einige Teile vollständig unter Wasser.

364

Hafursey ist ein kleines Basaltgebirge im Schwemmland Mýrdalssandur.

365

Die Landschaft um Vík í Mýrdal, dem südlichsten Ort Islands, bietet mit ihren zerklüfteten Bergen und Hügeln ein reizvolles Bild.

FLYING HIGH ISLAND

366

Island ist ein geologisches Labor, in dem die Erdkruste immer neuen Versuchen ausgesetzt ist. Aber das Land ist auch ein Puzzle, dessen Teile sich aus Wasser, Krater und Lava zusammensetzen und das in seiner majestätischen Schönheit von oben besonders gut zu bewundern ist.

368 und 369

Þórsmörk steht heute größtenteils unter Naturschutz. Auf Deutsch bedeutet sein Name „Thors Wald", benannt nach dem Gott, den die Wikinger für das Wetter verantwortlich machten. Das Tal wird von zahlreichen Sturz- und Eisbächen durchzogen und ist von Bergen mit vereinzeltem Baumbestand und schneebekrönten Gipfeln umringt. Es liegt im Süden Islands zwischen drei Gletschern, dem Tindfjallajökull im Norden, dem Eyjafjallajökull im Süden und dem Mýrdalsjökull im Osten.

370 und 371

Im Süden Islands erhebt sich der bis zu 1491 Meter hohe Vulkan Hekla, der zu den aktivsten überhaupt zählt. Im vergangenen Jahrhundert ist er mindestens viermal ausgebrochen, aber die Zahl steigt auf über 20 Ausbrüche, wenn man bis zum Jahr 1104 zurückgeht, als sich die Wikinger ohnmächtig seiner zerstörerischen Kraft beugen mussten. Vielleicht hielten sie ihn deshalb für das Tor zur Hölle.

372 und 373

Die Hekla gehört zu einem komplexen Vulkansystem, das sich über eine Länge von 40 Kilometern und eine Breite von 7 Kilometern erstreckt. Sie zählt zu den sogenannten Schichtvulkanen, bei denen sich Material aufeinandergetürmt hat, das einerseits wie Magma und Ablagerungen durch explosive Eruptionen ausgeworfen wurde und andererseits wie Lava durch Effusion ausgetreten ist.

374 und 375
Der Name des Vulkans Hekla bedeutet „mit einer Kapuze bedeckt". Und das ist kein Wunder, denn auf seinem Gipfel liegt so gut wie immer eine Haube aus Schnee und Eis.

376 und 377

Der Gletscher Breiðamerkurjökull ist eine südliche Eiszunge des Vatnajökull. Messungen in den letzten Jahrzehnten haben gezeigt, dass er sich immer weiter zurückzieht. Man rechnete damit, dass zu Beginn des 21. Jahrhunderts sein Abstand zum Meer 250 Meter betragen würde, aber 2004 waren daraus schon drei Kilometer geworden.

378–379

An den Ausläufern des Breiðamerkurjökull liegt der Gletschersee Jökulsárlón, der seine Entstehung den Schmelzwassern verdankt. Er ist vielleicht das meistfotografierte Motiv Islands.

380 und 381

Das kleine Dorf Bakkagerði mit den steilen Felsgipfeln aus Rhyolith im Hintergrund vermittelt ein typisches Bild des Borgarfjörður Eystri. Er ist der nördlichste der Ostfjorde.

382 und 383

Der mächtige Gletscher Vatnajökull überspannt eine Fläche von mehr als 8000 Quadratkilometern. Seine durchschnittliche Dicke beträgt 500 Meter, stellenweise aber auch das Doppelte.

384

Die Silhouette des Gletschers Öræfajökull lässt aus der Entfernung nicht ahnen, dass sich unter seiner Eiskappe ein Vulkan mit einem Krater von fünf Kilometer Durchmesser verbirgt. Die letzten beiden Ausbrüche waren sehr heftig, sie ereigneten sich in den Jahren 1362 und 1727.

386 und 387

Der Vatnajökull erstreckt sich über eine Fläche, die ungefähr acht Prozent des gesamten isländischen Territoriums entspricht. Zahlreiche seiner Zungen schieben sich talwärts bis auf Meeresspiegelniveau, wo sie, durch viele Risse harsch geworden, als Eisflüsse enden.

388

Der Vulkan Askja ist im letzten Jahrhundert mehrere Male ausgebrochen. 1875 war er so aktiv, dass der Wind die ausgestoßene Asche bis nach Skandinavien trug. Damals entstand auch die große, etwa 50 Kilometer umfassende Caldera.

389

Der Nationalpark Skaftafell wurde 1967 eingerichtet. Seit der letzten Erweiterung 2004 liegen etwa zwei Drittel des Vatnajökull in seinem Gebiet. Skaftafell ist der vielleicht bekannteste und meistbesuchte Park Islands.

390 und 391

Die Bergkette Kverkfjöll ist vulkanisch noch aktiv. Hier befinden sich zwei Calderen, von denen eine von einem Gletscher vollkommen bedeckt ist, während die andere weitgehend frei liegt. Der höchste Gipfel ist der 1936 Meter hohe Skarpheðinstindur.

394

Der Gletscher Öræfajökull erstreckt sich bis zu den südlichen Ausläufern des Vatnajökull. Einer seiner Gipfel, der Hvannadalshnúkur, stellt mit 2110 Meter die höchste Erhebung Islands dar.

395

Die Eiskappe des Vatnajökull bedeckt ein weitläufiges Hochland, das durch glaziale und subglaziale Täler unterbrochen ist. Unter der durchschnittlich 600 bis 800 Meter dicken Eisschicht rumoren gut sieben aktive Vulkane, weshalb das Gebiet von der 1950 gegründeten *Iceland Glaciological Society* jedes Jahr genauestens kontrolliert wird.

396 und 397

Von oben gesehen zeigt der Nationalpark Skaftafell ein eindrucksvolles Mosaik, das sich aus trockenen Sandurflächen, moosüberwachsenen Tälern sowie den Eiszungen Skeiðarárjökull und Öræfajökull, um nur zwei zu nennen, zusammensetzt.

398 und 399

Der Grímsvötn ist einer der sieben aktiven Vulkane, die unter dem Vatnajökull rumoren. Als er 1996 in Aktion trat, sammelte sich unbemerkt unter seiner Eisdecke Schmelzwasser zu einem See, der nach wenigen Wochen überlief. Der Gletscherlauf setzte eine apokalyptische Flutwelle aus Schlamm und Wasser in Bewegung und verursachte eine verheerende Überschwemmung. Aber das war noch nicht das Ende: 1998 und 2004 ist der Grímsvötn erneut ausgebrochen.

400

In der Gegend von Borgarnes befinden sich mehrere vulkanische Krater, der bekannteste ist Grábrók.

401

Die Halbinsel Snæfellsnes schiebt sich beim Borgarfjörður im Westen Islands ungefähr 90 Kilometer ins Meer hinaus.

402

Unweit der Stadt Stykkishólmur erhebt sich auf der Halbinsel Snæfellsnes der 527 Meter hohe Drápuhlíðarfjall, der wie die Berge Helgafell und Kerlingarfjall ein beliebtes Ziel für Trekkingausflüge ist.

403 links

Snæfellsnes ist Islands jüngster Nationalpark und zudem der einzige, der sich von den Bergen bis zum Meer erstreckt.

403 rechts

Auf der Halbinsel Snæfellsnes erinnern hohe Berge, zahlreiche Krater und weite Lavafelder an die bewegte Vergangenheit dieser Gegend.

405

Trotz der Nähe zum Polarkreis herrscht in Island ein relativ mildes Klima, was dem Einfluss des Ozeans zu verdanken ist. Im Winter nähern sich die Temperaturen allerdings arktischen Verhältnissen an, das Barometer sinkt auf zehn Grad unter null, es schneit unablässig und dazu pfeift ein eisiger Wind.

406
Die Halbinsel Snæfellsnes wird von der Eiskappe des 1833 Meter hohen Gletschers Snæfellsjökull beherrscht. Sie liegt über einem nicht mehr aktiven Vulkan, der durch den Roman „Die Reise zum Mittelpunkt der Erde" von Jules Verne berühmt geworden ist.

407
Der 60 Meter hohe Krater Eldborg wird auch „Feuerburg" genannt. Wegen seiner perfekten Symmetrie gilt er als einer der schönsten des Landes.

409
Von oben erinnert der Nationalpark Snæfellsnes mit seinen Kratern und weitläufigen Lavafeldern an eine Mondlandschaft.

410–411

Mit 1675 Meter Höhe ist der Eiríksjökull der höchste Berg im Westen Islands. Er belegt eine Fläche von 22 Quadartkilometern und liegt nordwestlich von Langjökull, dem zweitgrößten Gletscher Islands.

Register

B = Bildunterschrift

Register

Register

GIUSEPPE BRILLANTE LEBT UND ARBEITET ALS JOURNALIST IN MAILAND. ER HAT SICH MIT REPORTAGEN ÜBER GEOGRAFISCHE UND NATURWISSENSCHAFTLICHE THEMEN EINEN NAMEN GEMACHT. SEIT MEHR ALS ZEHN JAHREN GEHÖRT ER ZU DEN FÜHRENDEN MITARBEITERN DES NATUR- UND REISEMAGAZINS „AIRONE". SEINE BEITRÄGE ERSCHEINEN IN DEN ZEITSCHRIFTEN „IN VIAGGIO", „BELL'EUROPA" UND „TUTTOTURISMO". IN SEINEM BUCH „ÖTZI. L'UOMO VENUTO DAL GHIACCIO" [ÖTZI. DER MANN AUS DEM EIS] (MARSILIO EDITORE) ERZÄHLT ER DIE UNGLAUBLICHE GESCHICHTE DER MUMIE VON SIMILAUN, DIE SICH IM EIS DER ALPENGLETSCHER GUT 5300 JAHRE ERHALTEN HAT.

DANKSAGUNG

DER VERAG BEDANKT SICH BEI LUCA LONGO, ANNA CESSA UND BEI ICELANDAIR.

Via Candido Sassone, 22-24
13100 Vercelli - Italien
www.whitestar.it

www.whitestar-verlag.de

Alle Fotografien stammen von Klaus D. Francke.

ISBN 978-3-86726-071-8

1 2 3 4 5 6 13 12 11 10 09 08

Gedruckt in Thailand
Litho: Areagroup Media, Mailand; CTM, Turin; Grafotitoli, Mailand (Italien)

416
Schon die Landnehmer haben sich bevorzugt auf dem Flachland vor den Küsten niedergelassen. Auch heute noch zieht es die meisten Menschen in diese Gegenden, wo das Klima normalerweise etwas milder ist.

FLYING HIGH